中国保险业
发展研究

Research on the Development
of China's Insurance Industry

郑 伟·著

经济科学出版社
Economic Science Press

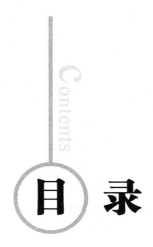

目 录

国际视角下的
中国保险业概况

一、引　言

  中国自 1805 年成立第一家保险公司以来，已经走过了 200 多年的历史。自 1949 年中华人民共和国成立以来，中国保险业经历了初步发展（1949～1958 年）、停办（1958～1979 年）和恢复发展（1979 年至今）三大阶段。

  中国保险业自 1979 年恢复以来，获得了快速的发展。根据最新可得的国际比较数据，2009 年中国保险业总保费收入为 163 047 百万美元，占世界保险市场份额的 3.98%，在世界排名第 7 位。保险密度 121.2 美元，在世界排名第 64 位。保险深度 3.27%，在世界排名第 44 位[①]。

  中国保险业的恢复发展是与中国改革开放的大背景，以及世界保险业发展的大背景相联系的，要准确把握中国保险业的发展状况，需要对世界保险业的发展形势有一个整体的了解。本章首先讨论世界保险业的发展概况，然后分析中国保险业的发展概况。

二、世界保险业发展概况

  本部分首先讨论 1980～2009 年 30 年间世界保险业的保费增长状况，然后再对比 2009 年（目前最新可得数据年份）世界各洲保费状

---

  ① Swiss Re, World Insurance in 2009 (updated appendix), *Sigma*, No. 2, 2010.

况、保费收入"世界前十"、保险密度"世界前十"和保险深度"世界前十"等基本数据,并适当考察中国在世界保险市场中的相关排名情况。

(一) 1980～2009 年世界保费

从表1-1可以看出,1980年世界保险业的总保费是4 678.09亿美元,经过30年的增长,2008年世界保险业的总保费达到历史最高水平42 189.79亿美元,2009年受世界金融危机的影响,世界保险业的总保费规模有所回落,为41 016.58亿美元。2008年和2009年的世界保险业总保费规模分别为1980年的9.02倍和8.77倍。

表 1-1   1980～2009 年世界保费

年 份	总保费 (百万美元)	寿 险		非寿险	
		保费 (百万美元)	占比 (%)	保费 (百万美元)	占比 (%)
1980	467 809	192 267	41.1	275 542	58.9
1981	479 798	203 032	42.3	276 765	57.7
1982	494 019	211 816	42.9	282 202	57.1
1983	518 135	223 909	43.2	294 226	56.8
1984	556 939	249 041	44.7	307 898	55.3
1985	646 679	296 727	45.9	349 952	54.1
1986	877 926	429 770	49.0	448 156	51.0
1987	1 057 536	543 097	51.4	514 439	48.6
1988	1 235 854	659 231	53.3	576 623	46.7
1989	1 270 029	676 780	53.3	593 249	46.7
1990	1 409 983	744 155	52.8	665 828	47.2
1991	1 515 969	809 375	53.4	706 593	46.6
1992	1 675 045	907 840	54.2	767 205	45.8
1993	1 814 681	1 013 120	55.8	801 561	44.2
1994	1 966 882	1 117 538	56.8	849 345	43.2

续表

年 份	总保费 （百万美元）	寿 险		非寿险	
		保费 （百万美元）	占比 （%）	保费 （百万美元）	占比 （%）
1995	2 159 263	1 236 458	57.3	922 805	42.7
1996	2 129 748	1 206 297	56.6	923 451	43.4
1997	2 141 447	1 238 233	57.8	903 214	42.2
1998	2 171 109	1 275 524	58.7	895 586	41.3
1999	2 346 296	1 424 580	60.7	921 716	39.3
2000	2 474 050	1 533 148	62.0	940 903	38.0
2001	2 434 668	1 449 576	59.5	985 092	40.5
2002	2 649 765	1 543 471	58.2	1 106 294	41.8
2003	2 967 014	1 686 450	56.8	1 280 565	43.2
2004	3 309 372	1 906 448	57.6	1 402 923	42.4
2005	3 466 489	2 023 716	58.4	1 442 773	41.6
2006	3 713 542	2 161 956	58.8	1 551 586	41.2
2007	4 127 586	2 441 823	59.2	1 685 762	40.8
2008	4 218 979	2 438 966	57.8	1 780 013	42.2
2009	4 101 658	2 359 346	57.5	1 742 312	42.5

资料来源：瑞士再世界保费数据库。

从表1-1还可以看出，从寿险和非寿险①的结构来看，1987年之前，世界保费结构中非寿险的占比大于寿险，但占比逐渐下降。1987年，寿险占比第一次超过产险，此后一直保持超越的态势，虽然占比具体数值有升有降，但基本保持在55%~60%之间。根据2009年的最新数据，在世界总保费中，寿险占比57.5%，非寿险占比42.5%。图1-1直观地显示了两者的占比变化情况。

① 本章数据对寿险和非寿险的划分采取欧盟标准和经合组织惯例，即健康险被视为非寿险的一部分。

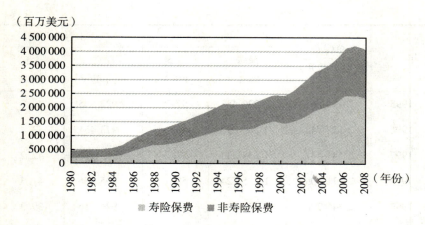

（百万美元）

图 1 - 1　　1980 ~ 2009 年世界保费

（二）2009 年世界各洲保费

从各洲的情况可以明显看出，与各洲经济占比相匹配，世界保险业的绝大部分市场集中在北半球的亚洲、欧洲和北美洲，而南半球的拉美和加勒比、大洋洲和非洲则显得十分微弱①（详见表 1 - 2）。

表 1 - 2　　　　　　　　　　2009 年世界各洲保费

洲　　名	总保费（百万美元）	占世界份额（%）	寿险保费（百万美元）	占世界寿险份额（%）	非寿险保费（百万美元）	占世界非寿险份额（%）
亚洲	1 008 132	24.58	748 355	31.72	259 777	14.91
欧洲	1 617 597	39.44	955 373	40.49	662 224	38.01
北美洲	1 249 254	30.46	546 829	23.18	702 425	40.32
拉美和加勒比	109 827	2.68	42 544	1.80	67 283	3.86
大洋洲	67 346	1.64	33 614	1.42	33 731	1.94
非洲	49 502	1.21	32 631	1.38	16 872	0.97
世界总计	4 101 658	100	2 359 346	100	1 742 312	100

资料来源：瑞士再世界保费数据库。

---

①　大洋洲占比微弱是因为该区域只有两个主要国家：澳大利亚和新西兰。

从表1-2可以看出，2009年，占比最高的是欧洲（39.44%），其次是北美洲（30.46%），再其次是亚洲（24.58%），这三大洲的保费规模占世界总保费的94.5%。其余三大洲的保费规模在世界总保费中的占比均未超过3%，拉美和加勒比为2.68%，大洋洲为1.64%，非洲为1.21%，这三大洲的占比之和仅为5.53%。

从寿险和非寿险的结构看，各洲情况存在较大差异，在此我们选择亚洲、欧洲和北美洲进行对比，图1-2直观地显示了这一差异。从总保费看，市场份额排序是欧洲（39.44%）、北美洲（30.46%）、亚洲（24.58%），从寿险保费看，市场份额排序是欧洲（40.49%）、亚洲（31.72%）、北美洲（23.18%），从非寿险保费看，市场份额排序是北美洲（40.32%）、欧洲（38.01%）、亚洲（14.91%）；其余三大洲，因为在世界市场占比相对较小，在此不做展开讨论。

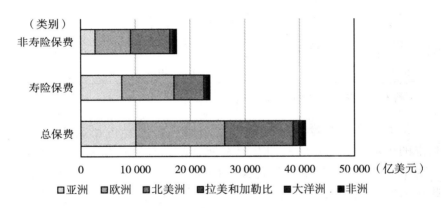

图1-2 2009年各洲保费

资料来源：瑞士再世界保费数据库。

（三）2009年保费收入"世界前十"

以保费收入来衡量，2009年保费收入在世界排名前十位的国家和地区分别是：美国、日本、英国、法国、德国、意大利、中国、荷兰、加拿大和韩国（详见表1-3）。

表 1 – 3　　　　　　　2009 年保费收入"世界前十"

排名	国家或地区	总保费（百万美元）	占世界份额（%）
1	美国	1 149 758	28.03
2	日本	518 070	12.63
3	英国	312 165	7.61
4	法国	283 070	6.90
5	德国	239 941	5.85
6	意大利	169 360	4.13
7	中国	163 046	3.98
8	荷兰	108 144	2.64
9	加拿大	99 496	2.43
10	韩国	96 676	2.36
前十	小　计	3 139 726	76.55

资料来源：瑞士再世界保费数据库。

其中，美国保险市场的份额遥遥领先，世界占比为 28.03%；日本的市场份额虽然比起前几年有所下降，但仍位居第二，世界占比为 12.63%；英国的市场份额位居第三，世界占比为 7.61%。这些排名前十位的国家和地区，市场份额总和的世界占比为 76.55%，占据了全世界保险市场的 3/4 强，可见世界保险市场的集中度还是很高的。

2009 年，中国保险市场的份额位居世界第七，虽然比起 2008 年的第六位略有下降，但是与 10 年或更长时间之前相比，则有明显上升，在世界保险市场开始显示日趋重要的地位。

（四）2009 年保险密度"世界前十"

以保险密度（保费收入／人口数量）来衡量，2009 年保险密度在世界排名前十位的国家和地区分别是：荷兰、瑞士、卢森堡、丹麦、英国、爱尔兰、芬兰、法国、日本和美国（详见表 1 – 4）。

表1-4　　　　　　　　　2009年保险密度"世界前十"　　　　　　单位：美元

排名	国家或地区	保险密度
1	荷兰	6 554.6
2	瑞士	6 380.1
3	卢森堡	5 232.5
4	丹麦	5 208.3
5	英国	4 563.0
6	爱尔兰	4 458.0
7	芬兰	4 292.9
8	法国	4 269.1
9	日本	4 074.3
10	美国	3 742.6
64	中国	121.2
世界平均		600.3

资料来源：瑞士再世界保费数据库。

　　从表1-4可以看出，保险密度居世界前八位的国家全部都是欧洲国家，而且2009年保险密度全都大于4 000美元，其中荷兰最高，达到6 554.6美元，这充分说明了欧洲保险市场的发达程度。日本和美国相对人口众多，使得以人均保费计算的保险密度排名相比保费收入排名有所下降，但仍分别居世界第九位和世界第十位，其重要地位仍不容小觑。

　　中国的保费收入排名虽然已经进入世界前十的行列，排名甚至达到第六七名，但是由于拥有近14亿的人口，所以以人均保费计算的保险密度则相对落后。2009年中国的保险密度为121.2美元，世界排名第64位，虽然与中国前几年的数据相比有较大进步，但与世界发达水平甚至与世界平均水平相比，仍有十分巨大的差距。以2009年的数据衡量，中国的保险密度仅相当于排名第一的荷兰的1.8%；即使与世界平均水平（即包括发达市场和不发达市场）相比，中国的保险密度也仅相当于世界平均水平的20.2%，即相当于世界平均水平的1/5。可见，从保险密度的角度看，中国保险业的发展水平还是十分落后的。

（五）2009 年保险深度"世界前十"

以保险深度（保费收入／GDP）来衡量，2009 年保险深度在世界排名前十位的国家和地区分别是：中国台湾、荷兰、英国、南非、中国香港、韩国、法国、巴哈马、日本和瑞士（详见表 1-5）。

表 1-5　　　　　　　2009 年保险深度"世界前十"

排名	国家或地区	保险深度（％）
1	中国台湾	17.29
2	荷兰	13.57
3	英国	12.92
4	南非	12.89
5	中国香港	10.97
6	韩国	10.92
7	法国	10.37
8	巴哈马	10.23
9	日本	10.18
10	瑞士	10.03
44	中国	3.27
世界平均		7.01

资料来源：瑞士再世界保费数据库。

从表 1-5 可以看出，这 10 个国家或地区的保险深度均高于 10%。其中，中国台湾的保险深度高居榜首，达到 17.29%。保险深度排名靠前，一方面意味着保险业在国民经济中的相对地位的重要性，另一方面则说明了该国或地区保险业的未来增长潜力和空间可能相对有限。

2009 年中国的保险深度为 3.27%，世界排名第 44 位，虽然与前几年相比有较大进步，但与世界发达水平或世界平均水平相比仍有较为明显的差距。以 2009 年的数据衡量，中国的保险深度仅相当于排名第一的中国台湾的 18.9%，不到 1/5；即使与世界平均水平（即包括发达市场和不发达市场）相比，中国的保险深度也仅相当于世界平均水平的

46.6%，即不到世界平均水平的一半。因此，从保险深度的角度看，中国保险业的发展水平并不高，当然，从另一方面也意味着中国保险业的未来增长潜力和空间是相对巨大的。关于中国保险业的增长潜力和空间，我们在本书第3章将作进一步的分析和讨论。

三、中国保险业发展概况

本章第二部分为我们提供了一个世界保险业的发展背景，第三部分将集中讨论中国保险业的发展概况，内容包括中国保费收入、保险密度、保险深度、市场结构、保险投资和保险资产等。

（一）2010年中国保险业的基本数据

2010年，中国保险业保费收入14 527.97亿元，同比增长30.44%。其中，财产险保费收入3 895.64亿元，同比增长35.46%，在总保费中占比26.81%；人身险保费收入（包括人寿保险、健康保险、意外伤害保险等）10 632.32亿元，同比增长28.70%，在总保费中占比73.19%。

截至2010年底，在中国保险市场开展业务的财产保险公司共有53家，其中中资34家，外资19家；开展业务的人身保险公司61家，其中中资33家，外资28家。截至2010年底，保险公司总资产突破5万亿元，达到5.05万亿元。保险资金运用余额达到4.6万亿元。2010年，保险业预计实现利润总额607亿元。截至2010年底，偿付能力不达标的保险公司7家，比年初减少1家，不达标公司的偿付能力在关键指标上较2010年初有明显改善。

（二）1980～2010年中国保费收入

1979年中国保险业恢复发展，1980年保费收入2.9亿元，1990年保费收入150.5亿元，2000年保费收入1 603.42亿元，到2010年保费收入达到1.45万亿元，分别是1980年、1990年和2000年的5 009倍、97倍和9倍（详见表1-6）。

从寿险和非寿险的结构看，在 20 世纪 80 年代初期，非寿险占绝大份额，随后比重逐渐下降。1997 年寿险比重第一次超过非寿险，此后寿险比重逐渐上升，2003 年最高达到 70.8%，近几年基本保持在 65%~70% 之间的水平。

表 1-6　　　　　　　　　1980~2010 年中国保费收入

年　份	总保费（亿元）	寿　险		非寿险	
		保费（亿元）	占比（%）	保费（亿元）	占比（%）
1980	—	—	—	2.90	—
1981	—	—	—	5.30	—
1982	6.52	0.02	0.3	6.50	99.7
1983	10.20	0.10	1.0	10.10	99.0
1984	15.05	0.75	5.0	14.30	95.0
1985	26.01	4.41	17.0	21.60	83.0
1986	42.34	11.34	26.8	31.00	73.2
1987	67.09	24.99	37.2	42.10	62.8
1988	94.80	37.50	39.6	57.30	60.4
1989	120.40	46.00	38.2	74.40	61.8
1990	150.50	56.40	37.5	94.10	62.5
1991	212.90	82.80	38.9	130.10	61.1
1992	341.60	142.20	41.6	199.40	58.4
1993	466.40	199.00	42.7	267.40	57.3
1994	495.30	162.00	32.7	333.30	67.3
1995	615.30	194.20	31.6	421.10	68.4
1996	800.00	330.00	41.3	470.00	58.8
1997	1 117.41	567.22	50.8	550.19	49.2
1998	1 247.30	667.38	53.5	579.92	46.5
1999	1 393.22	768.30	55.1	624.91	44.9
2000	1 603.42	851.17	53.1	752.25	46.9
2001	2 126.14	1 298.66	61.1	827.48	38.9

续表

年　份	总保费（亿元）	寿　险		非寿险	
		保费（亿元）	占比（%）	保费（亿元）	占比（%）
2002	3 048.32	2 073.96	68.0	974.36	32.0
2003	3 848.75	2 724.35	70.8	1 124.40	29.2
2004	4 322.93	2 845.51	65.8	1 477.43	34.2
2005	4 928.42	3 245.30	65.8	1 683.12	34.2
2006	5 641.32	3 592.64	63.7	2 048.68	36.3
2007	7 035.76	4 463.75	63.4	2 572.01	36.6
2008	9 784.10	6 658.37	68.1	3 125.73	31.9
2009	11 137.30	7 457.44	67.0	3 679.86	33.0
2010	14 527.97	9 679.51	66.6	4 848.46	33.4

资料来源：瑞士再世界保费数据库。

从图1-3可以看出，中国的保费收入在2000年之后出现一个快速上升，在2006年之后又出现一个快速上升，这两次上升均与新型人身保险产品（包括分红保险、投资联结保险、万能保险）的引入和推动有关。

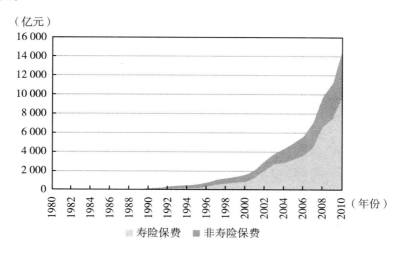

图1-3　1980~2010年中国保费收入

表 1-7 对 1980～2009 年间中国保费实际增长率与世界保费实际增长率进行了对比，此处实际增长率扣除了名义增长率中的通货膨胀影响。图 1-4 直观地显示了两者的对比。

表 1-7 1980～2009 年中国与世界保费实际增长率

年　份	中国保费 （百万美元）	实际增长率 （%）	世界保费 （百万美元）	实际增长率 （%）
1980	—	—	467 762	-1.0
1981	—	—	479 745	1.4
1982	344	—	493 952	3.1
1983	517	54.3	518 103	3.6
1984	649	43.5	556 941	7.7
1985	886	58.1	646 680	11.8
1986	1 226	52.8	877 929	17.4
1987	1 803	47.8	1 057 535	8.3
1988	2 541	19.1	1 235 793	9.4
1989	3 194	7.4	1 270 015	3.6
1990	3 138	21.2	1 410 477	1.6
1991	3 991	36.7	1 516 026	2.3
1992	6 181	50.8	1 674 461	4.5
1993	8 074	19.2	1 815 488	5.4
1994	5 733	-14.5	1 967 551	3.2
1995	7 350	6.4	2 160 246	3.7
1996	9 594	20.0	2 136 771	1.8
1997	13 432	35.9	2 153 175	4.9
1998	15 027	12.5	2 193 085	3.1
1999	16 830	13.4	2 369 159	5.3
2000	19 369	14.7	2 490 456	7.4
2001	25 687	31.6	2 456 868	1.3
2002	36 829	44.5	2 672 309	5.5
2003	46 498	24.8	2 998 645	2.5

续表

年　份	中国保费（百万美元）	实际增长率（%）	世界保费（百万美元）	实际增长率（%）
2004	52 229	8.1	3 309 272	2.9
2005	60 147	12.0	3 466 745	2.5
2006	70 750	12.8	3 710 155	4.1
2007	92 473	19.0	4 127 015	3.7
2008	140 814	29.8	4 220 071	-4.1
2009	163 046	14.6	4 066 090	-0.3

资料来源：瑞士再世界保费数据库。

从图1-4中可以看出几个特点：第一，中国保费收入增长率呈现周期波动的特点，30年间大约存在5个周期；第二，随着基数的扩大，中国保费收入增长率的平均值呈现逐渐下降的趋势；第三，在绝大多数年份，中国保费收入的实际增长率高于世界，而且超出的幅度还很大。只有1994年是一个例外，其主要原因是，当年中国保费收入的名义增长率只有6%，而当年通货膨胀率超过20%，所以导致出现-14.5%的实际增长率。

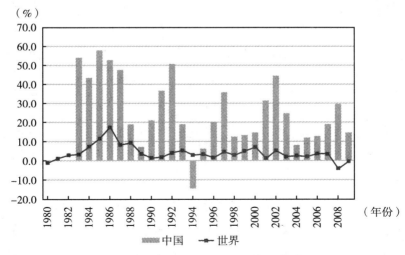

图1-4　1980～2009年中国保费实际年增长率

资料来源：瑞士再世界保费数据库。

由于在过去 30 年间中国保险业基本保持了一个比世界明显更快的增长速度，所以，中国保费收入占世界份额逐渐提高，由原来的几乎为零上升为 2009 年的 3.98%（详见表 1－8）。

表 1－8　　　　　1980～2009 年中国保费收入占世界份额

年　份	中国保费（百万美元）	世界保费（百万美元）	份额（%）
1980	—	467 762	—
1981	—	479 745	—
1982	344	493 952	0.07
1983	517	518 103	0.10
1984	649	556 941	0.12
1985	886	646 680	0.14
1986	1 226	877 929	0.14
1987	1 803	1 057 535	0.17
1988	2 541	1 235 793	0.21
1989	3 194	1 270 015	0.25
1990	3 138	1 410 477	0.22
1991	3 991	1 516 026	0.26
1992	6 181	1 674 461	0.37
1993	8 074	1 815 488	0.44
1994	5 733	1 967 551	0.29
1995	7 350	2 160 246	0.34
1996	9 594	2 136 771	0.45
1997	13 432	2 153 175	0.62
1998	15 027	2 193 085	0.69
1999	16 830	2 369 159	0.71
2000	19 369	2 490 456	0.78
2001	25 687	2 456 868	1.05

续表

年 份	中国保费（百万美元）	世界保费（百万美元）	份额（%）
2002	36 829	2 672 309	1. 38
2003	46 498	2 998 645	1. 55
2004	52 229	3 309 272	1. 58
2005	60 147	3 466 745	1. 73
2006	70 750	3 710 155	1. 91
2007	92 473	4 127 015	2. 24
2008	140 812	4 218 979	3. 34
2009	163 046	4 101 658	3. 98

资料来源：瑞士再世界保费数据库。

图 1-5 直观地显示了这一变化趋势，在 2000 年和 2006 年之后出现两次较为明显的上升，这与前述中国保费收入的两次快速上升是相匹配的。

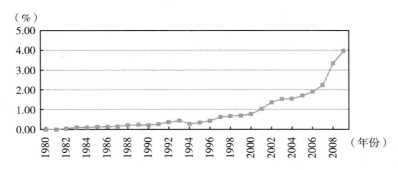

图 1-5 1980~2009 年中国保费收入占世界份额

资料来源：瑞士再世界保险数据库。

（三）1980~2010 年中国保险密度

表 1-9 显示了 1980~2010 年间中国和世界的保险密度的对比，图 1-6 直观地显示了两者的增长状况。

表1-9　　　　　　　1980~2010年中国与世界保险密度

年　份	中国保险密度（美元）	世界平均保险密度（美元）	年　份	中国保险密度（美元）	世界平均保险密度（美元）
1980	—	103.4	1996	7.8	363.7
1981	—	104.4	1997	10.8	361.8
1982	0.3	105.8	1998	12.0	363.4
1983	0.5	109.3	1999	13.3	387.3
1984	0.6	115.6	2000	15.2	401.3
1985	0.8	131.1	2001	20.0	390.3
1986	1.1	175.8	2002	28.5	418.4
1987	1.7	208.2	2003	35.8	462.7
1988	2.3	238.8	2004	39.9	503.6
1989	2.8	241.4	2005	45.7	520.0
1990	2.7	263.3	2006	53.5	548.5
1991	3.4	278.0	2007	69.6	601.8
1992	5.2	301.2	2008	105.3	608.8
1993	6.8	322.5	2009	121.2	600.3
1994	4.8	344.6	2010	164.9	—
1995	6.0	372.0			

资料来源：瑞士再世界保险数据库。

从图1-6中可以看出，世界保险密度在1984年和2001年之后两次呈现较快增长势头，中国保险密度在过去30年一直保持增长势头，2006年之后增长更为明显。2008年国际金融危机抑制了世界保险密度的增长，2009年甚至比2008年有所下降，但中国保险密度仍然保持了快速增长的态势，这对于中国这样一个人口大国而言是十分不易的。当然，与世界平均保险密度相比，中国保险密度的水平还是相对较低的。

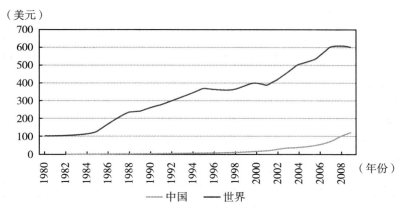

图 1 - 6　1980 ~ 2009 年中国保险密度

资料来源：瑞士再世界保费数据库。

（四）1980 ~ 2010 年中国保险深度

表 1 - 10 显示了 1980 ~ 2010 年间中国和世界的保险深度的对比，图 1 - 7 直观地显示了两者的增长状况。

表 1 - 10　　　　　1980 ~ 2010 年中国和世界保险深度

年　份	中国保险深度（%）	世界平均保险深度（%）	年　份	中国保险深度（%）	世界平均保险深度（%）
1980	—	4.22	1991	0.98	6.23
1981	—	4.29	1992	1.28	6.53
1982	0.12	4.51	1993	1.32	7.14
1983	0.17	4.61	1994	1.03	7.20
1984	0.21	4.83	1995	1.01	7.18
1985	0.29	5.32	1996	1.12	6.96
1986	0.41	6.16	1997	1.41	7.05
1987	0.56	6.41	1998	1.48	7.17
1988	0.64	6.67	1999	1.55	7.43
1989	0.71	6.25	2000	1.62	7.61
1990	0.81	6.07	2001	1.94	7.55

续表

年　份	中国保险深度（％）	世界平均保险深度（％）	年　份	中国保险深度（％）	世界平均保险深度（％）
2002	2.53	7.86	2007	2.74	7.22
2003	2.84	7.82	2008	3.25	6.76
2004	2.71	7.69	2009	3.27	7.01
2005	2.69	7.47	2010	3.65	—
2006	2.67	7.34			

资料来源：瑞士再世界保费数据库。

从图 1-7 中可以看出，世界保险深度在 20 世纪 80 年代呈现较为明显的上升态势，自 1993 年之后基本保持在 7%～8% 之间的水平。中国保险深度整体呈现上升态势，但自 2003 年以来随着中国 GDP 的高速增长，保险深度进入一个相对平稳的时期。同时，与世界平均保险深度相比，中国保险深度的水平还相对较低。

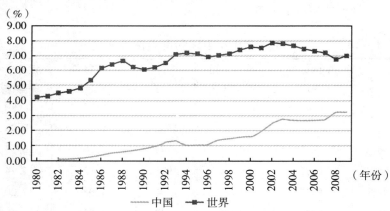

图 1-7　1980～2009 年中国保险深度

资料来源：瑞士再世界保费数据库。

（五）中国保险市场结构

本部分将从险种结构、地区结构、产险公司市场份额、寿险公司市场份额四个方面讨论中国保险市场结构问题。

1. 险种结构

表 1 - 11 显示了 2010 年中国保险市场的险种结构，图 1 - 8 直观地
显示了这一结构。2010 年，中国总保费收入为 14 527.97 亿元；其中，
财产保险保费收入 3 895.64 亿元，占比 26.81%；人身保险保费收入
10 632.33 亿元，占比 73.19%。在人身保险中，人寿保险保费收入
9 679.51 亿元，在总保费中占比为 66.63%，健康保险占比为 4.66%，
人身意外伤害保险占比为 1.90%。

表 1 - 11　　　　　　2010 年中国保险市场的险种结构

类　别	险　种	保费收入（亿元）	占比（%）
财产保险	财产保险	3 895.64	26.81
人身保险	人寿保险	9 679.51	66.63
	健康保险	677.47	4.66
	人身意外伤害保险	275.35	1.90
	人身保险小计	10 632.33	73.19
总　计		14 527.97	100

资料来源：中国保监会网站。

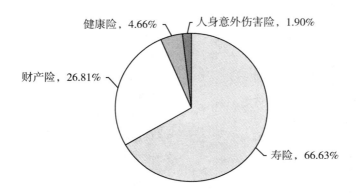

图 1 - 8　2010 年中国保险市场的险种结构

资料来源：中国保监会网站。

2. 地区结构

表 1 – 12 显示了 2010 年中国各省的保费收入状况，表 1 – 13 显示了 2010 年中国东部、中部、西部三大区域的保费收入状况。

从各省的份额结构看，2010 年保费收入排名位居前列的省份是广东、江苏、山东、北京和上海，份额占比均超过 6%。其中，广东占比 10.97%，江苏占比 8%，山东占比 7.09%，北京占比 6.65%，上海占比 6.08%。

表 1 –12　　　　　　　　2010 年中国各省保费收入

排　名	地　区	保费收入（万元）	占比（%）
1	广东	15 932 521.28	10.97
2	江苏	11 626 736.01	8.00
3	山东	10 300 687.15	7.09
4	北京	9 664 550.65	6.65
5	上海	8 838 593.41	6.08
6	浙江	8 344 043.68	5.74
7	河南	7 932 837.71	5.46
8	四川	7 657 702.30	5.27
9	河北	7 464 041.36	5.14
10	辽宁	6 048 614.22	4.16
11	湖北	5 003 281.78	3.44
12	湖南	4 385 284.33	3.02
13	安徽	4 382 486.74	3.02
14	福建	4 236 123.54	2.92
15	山西	3 652 982.88	2.51
16	黑龙江	3 432 219.94	2.36
17	陕西	3 338 080.29	2.30
18	重庆	3 210 768.69	2.21
19	江西	2 532 587.17	1.74
20	吉林	2 392 486.26	1.65
21	云南	2 356 815.14	1.62
22	内蒙古	2 155 372.16	1.48

续表

排　名	地　区	保费收入（万元）	占比（%）
23	天津	2 140 074.43	1.47
24	广西	1 909 353.58	1.31
25	新疆	1 909 238.66	1.31
26	甘肃	1 463 353.77	1.01
27	贵州	1 226 271.16	0.84
28	宁夏	527 466.25	0.36
29	海南	479 475.76	0.33
30	青海	256 967.98	0.18
31	西藏	50 585.33	0.03
	全国本级	428 110.95	0.29
全　国		145 279 714.55	100

注：各省数据包含相应经济特区和计划单列市。

资料来源：中国保监会网站。

从东、中、西三大区域①的份额结构看，2010年东部、中部和西部地区的保费收入份额占比分别为58.56%、23.21%和17.94%，呈现明显依次递减的现象。当然，如何看待中国保险业的区域发展比较，不是一个简单的问题，我们将在本书第2章进行深入讨论。

表1-13　　　　　　　2010年中国各地区保费收入

地　区	保费（亿元）	占比（%）
东部地区	8 507.55	58.56
中部地区	3 371.42	23.21
西部地区	2 606.20	17.94
集团、总公司本级	42.81	0.29
全　国	14 527.97	100

注：集团、总公司本级是指集团、总公司开展的业务，不计入任何地区。

资料来源：中国保监会网站。

———————————

① 东部地区包括：北京、天津、河北、辽宁、上海、江苏、浙江、福建、山东、广东和海南等11个省市；中部地区包括：山西、吉林、黑龙江、安徽、江西、河南、湖北、湖南等8个省；西部地区包括：四川、重庆、贵州、云南、西藏、陕西、甘肃、青海、宁夏、新疆、广西、内蒙古等12个省区市。

3. 产险公司市场份额

表1－14显示了2010年中国产险公司的市场份额，图1－9直观地显示了2010年产险公司前三名以及余下部分的市场结构。

从中资和外资的角度看，2010年中国中资产险公司的市场份额为98.94%，外资产险公司的市场份额仅为1.06%。

从产险公司的市场前三甲看，人保股份位居第一，市场占比38.23%；平安产险位居第二，市场占比15.43%；太保产险位居第三，市场占比12.80%。这三家公司的市场份额遥遥领先，市场份额之和占比66.46%，约占2/3。

表1－14   2010年中国产险公司市场份额

资本结构	公司名称	保费收入（万元）	市场份额（%）
中资	人保股份	15 393 002.48	38.23
	平安财产	6 211 569.32	15.43
	太保财产	5 152 903.87	12.80
	中华联合	1 933 630.93	4.80
	大地财产	1 381 722.22	3.43
	国寿财产	1 126 548.15	2.80
	阳光财产	1 063 557.52	2.64
	出口信用	890 787.44	2.21
	天安	802 773.48	1.99
	安邦	703 028.38	1.75
	永安	578 996.38	1.44
	永诚	540 013.12	1.34
	太平保险	534 906.25	1.33
	华安	396 610.84	0.98
	华泰	385 146.59	0.96
	都邦	357 550.06	0.89
	天平车险	314 738.93	0.78
	安华农业	258 800.45	0.64
	中银保险	249 173.20	0.62
	英大财产	175 442.48	0.44
	大众	172 513.40	0.43
	民安	167 347.35	0.42
	长安责任	161 697.46	0.40

续表

资本结构	公司名称	保费收入（万元）	市场份额（%）
中资	安诚	155 461.24	0.39
	阳光农业	140 949.09	0.35
	国元农业	126 101.25	0.31
	渤海	118 715.09	0.29
	浙商财产	106 916.41	0.27
	鼎和财产	66 009.26	0.16
	安信农业	63 563.15	0.16
	紫金财产	60 823.36	0.15
	信达财险	35 078.98	0.09
	华农	14 559.35	0.04
	中煤财产	1.60	0.00
	小　计	39 840 639.06	98.94
外资	美亚	102 112.42	0.25
	东京海上	41 334.89	0.10
	三井住友	40 530.22	0.10
	利宝互助	38 147.22	0.09
	三星	36 212.58	0.09
	安联	30 241.36	0.08
	中意财产	19 282.46	0.05
	苏黎世	18 751.19	0.05
	日本财产	18 357.03	0.05
	丰泰	17 519.81	0.04
	太阳联合	16 275.58	0.04
	丘博保险	14 438.12	0.04
	现代财产	11 131.64	0.03
	国泰财产	6 968.16	0.02
	安盟	6 844.48	0.02
	乐爱金	4 414.18	0.01
	爱和谊	3 102.25	0.01
	日本兴亚	2 505.14	0.01
	富邦财险	124.81	0.00
	小　计	428 293.54	1.06
合　计		40 268 932.60	100

资料来源：中国保监会网站。

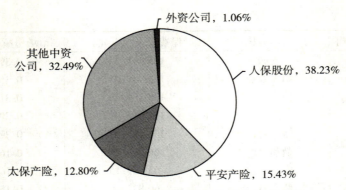

外资公司，1.06%

其他中资公司，32.49%

人保股份，38.23%

太保产险，12.80%

平安产险，15.43%

图1-9　2010年中国产险公司市场份额

资料来源：中国保监会网站。

4. 寿险公司市场份额

表1-15显示了2010年中国寿险公司的市场份额，图1-10直观地显示了2010年寿险公司排名前几位及其余部分的市场结构。

表1-15　　　　　　　2010年中国寿险公司市场份额

资本结构	公司名称	保费收入（万元）	市场份额（%）
中资	国寿股份	33 303 976.82	31.72
	平安人寿	15 906 385.46	15.15
	新华	9 364 308.41	8.92
	太保人寿	9 199 986.53	8.76
	泰康	8 676 459.71	8.26
	人保寿险	8 242 551.92	7.85
	太平人寿	3 302 455.39	3.14
	生命人寿	1 531 810.03	1.46
	阳光人寿	1 516 893.07	1.44
	国寿存续	1 454 087.05	1.38
	人保健康	928 960.82	0.88
	民生人寿	812 945.38	0.77
	合众人寿	772 221.75	0.74
	幸福人寿	608 918.81	0.58
	平安养老	518 380.55	0.49
	正德人寿	513 230.34	0.49
	嘉禾人寿	452 038.61	0.43

续表

资本结构	公司名称	保费收入（万元）	市场份额（%）
中资	国华	399 573.76	0.38
	华夏人寿	363 593.20	0.35
	英大人寿	320 480.86	0.31
	长城	251 538.57	0.24
	信泰	214 468.25	0.20
	中邮人寿	202 959.76	0.19
	百年人寿	102 105.28	0.10
	中融人寿	93 608.75	0.09
	平安健康	19 975.46	0.02
	昆仑健康	17 608.94	0.02
	太平养老	2 216.19	0.00
	和谐健康	278.95	0.00
	安邦人寿	103.02	0.00
	国寿养老	0.00	0.00
	长江养老	0.00	0.00
	泰康养老	0.00	0.00
	小　计	99 094 121.63	94.37
外资	友邦	847 033.18	0.81
	中意	614 610.65	0.59
	华泰人寿	606 414.03	0.58
	信诚	541 415.53	0.52
	光大永明	510 595.43	0.49
	中英人寿	492 545.30	0.47
	招商信诺	323 564.05	0.31
	中美大都会	253 967.76	0.24
	中宏人寿	200 698.01	0.19
	海康人寿	171 970.75	0.16
	联泰大都会	165 712.40	0.16
	中德安联	154 536.28	0.15
	恒安标准	151 033.09	0.14
	瑞泰人寿	135 211.44	0.13
	首创安泰	130 076.87	0.12
	金盛	117 786.78	0.11
	太平洋安泰	103 915.88	0.10

续表

资本结构	公司名称	保费收入（万元）	市场份额（%）
外资	交银康联	71 286.81	0.07
	国泰人寿	61 861.47	0.06
	中新大东方	50 968.24	0.05
	海尔纽约	46 774.07	0.04
	恒康天安	37 536.60	0.04
	中航三星	34 195.29	0.03
	长生人寿	27 032.04	0.03
	中法人寿	22 238.50	0.02
	汇丰人寿	15 853.25	0.02
	君龙人寿	14 173.76	0.01
	新光海航	11 702.98	0.01
小　计		5 914 710.45	5.63
合　计		105 008 832.08	100

资料来源：中国保监会网站。

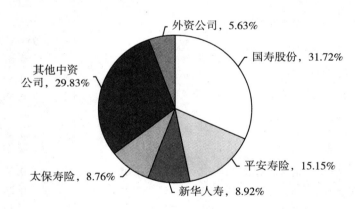

图 1 - 10　2010 年中国寿险公司市场份额

资料来源：中国保监会网站。

从中资和外资的角度看，2010 年中国中资寿险公司的市场份额为 94.37%，外资寿险公司的市场份额仅为 5.63%。

从寿险公司的市场前三甲看，国寿股份位居第一，市场占比 31.72%；平安寿险位居第二，市场占比 15.15%；新华寿险位居第三，市场占比 8.92%。紧随其后居市场第四位至第六位的是太保寿险、泰

康人寿和人保寿险。寿险公司前三名市场份额之和为 55.79%，超过
1/2；前六名市场份额之和为 80.66%，超过 4/5。

（六）中国保险投资和保险资产

1. 保险投资和资产总额

表 1-16 显示了 1999～2010 年中国保险投资和资产总额的情况。
从中国保险业的资产总额看，1999 年保险资产总额为 2 604.09 亿元，
2010 年增长至 50 481.61 亿元，是 1999 年的 19 倍。从保险投资总额
（包括银行存款）看，1999 年保险投资总额为 1 817.39 亿元，2010 年
增长至 46 046.62 亿元，是 1999 年的 25 倍。同时，自 2003 年以来，保
险投资在保险资产总额中的占比均在 90% 以上。

表 1-16   1999～2010 年中国保险投资和资产总额

年　份	保险资产总额 （亿元）	保险投资总额 （亿元）	保险投资占比 （%）
1999	2 604.09	1 817.39	69.79
2000	3 373.89	2 538.61	75.24
2001	4 591.34	3 643.18	79.35
2002	6 494.07	5 530.33	85.16
2003	9 122.84	8 378.53	91.84
2004	11 853.55	10 680.72	90.11
2005	15 225.97	14 135.84	92.84
2006	19 731.32	17 785.39	90.14
2007	29 003.92	26 721.94	92.13
2008	33 418.44	30 552.77	91.42
2009	40 634.75	37 417.12	92.08
2010	50 481.61	46 046.62	91.21

资料来源：中国保监会网站。

2. 保险投资结构

图 1－11 显示了 2005～2009 年间中国保险投资结构状况。从图中可以看出，近几年中国保险投资以债券为主，其次是银行存款，然后是股票和基金，这与 2004 年之前保险投资以银行存款为主的状况已经大不相同。2009 年的保险投资中，债券占比 50.96%，银行存款占比 28.11%，股票占比 11.22%，基金占比 7.37%，其他占比 2.34%。

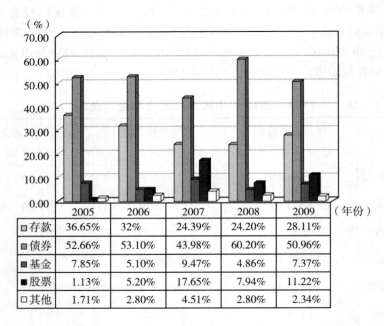

（%）	2005	2006	2007	2008	2009
□存款	36.65%	32%	24.39%	24.20%	28.11%
□债券	52.66%	53.10%	43.98%	60.20%	50.96%
■基金	7.85%	5.10%	9.47%	4.86%	7.37%
■股票	1.13%	5.20%	17.65%	7.94%	11.22%
□其他	1.71%	2.80%	4.51%	2.80%	2.34%

图 1－11　2005～2009 年中国保险投资结构

资料来源：根据《中国保险年鉴》和中国保监会相关资料整理。

图 1－12 显示了 2001～2009 年间中国保险业投资收益率的变化情况。2001～2007 年，保险投资收益率先有略微下降，然后快速上升，2007 年达到 12.17% 的高位。2008 年受金融危机影响，当年投资收益率降至 1.91%，2009 年走出低谷，升至 6.41%。

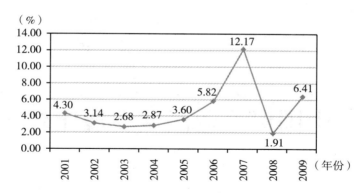

图 1-12 2001~2009 年中国保险投资收益率
资料来源：根据《中国保险年鉴》和中国保监会相关资料整理。

四、结 语

本章考察了 1980 年以来世界保险业和中国保险业的发展概况。在世界保险业部分，我们考察了 1980~2009 年世界保费、2009 年各洲保费、保费收入"世界前十"、保险密度"世界前十"和保险深度"世界前十"等状况。在中国保险业部分，我们考察了 1980~2010 年（或数据可得年份期间）中国保费收入、保险密度、保险深度、市场结构、保险投资和保险资产等状况。

通过本章内容，我们可以对中国保险业的发展概况有一个整体的框架性把握。在本书接下来的几章中，我们将分别针对中国保险业区域发展比较、中国保险业增长潜力、中国保险监管改革、保险与经济社会发展、中国保险业发展的反思和"十二五"展望等问题作进一步的讨论和分析。

本章参考文献

1. 《中国保险年鉴》，相关各年。

2. 《中国统计年鉴》，相关各年。

3. Swiss Re, World Insurance in 2009 (updated appendix), *Sigma*, No. 2, 2010.

4. 瑞士再"Sigma"世界保费数据库（1980~2009）。

5. 中国保监会：《中国保险市场发展报告》，相关各年。

6. 中国保监会网站：http://www.circ.gov.cn/。

中国保险业区域发展比较

一、引 言

《国务院关于保险业改革发展的若干意见》（2006）提出了一系列值得研究的重要课题，"统筹保险业区域发展"即是其中之一。要做好统筹保险业区域发展的工作，有一项最基础的研究工作，就是必须对中国保险业区域发展的程度做出准确判断，只有这样，才能为相关政策的制定奠定良好的基础，以免发生偏差。其实，在有关中国保险业区域发展方面有许多值得研究的重要问题，比如，中国保险业在区域间的发展程度是否真的是不平衡的？在广东、江苏等保费收入和保险密度已经很大、保险市场竞争已经相对激烈的省区，保险公司为何仍愿意"扎堆"开设经营机构？相关保险产业政策导向是否应明显向中西部倾斜？本章将对这些问题进行研究并做出回答。

从文献检索看，绝大部分的已有研究文献认为，中国保险业区域发展存在明显的地区不平衡特征，区域保险协调发展的重点是向中西部倾斜。比如，刘京生（2002）认为，为缩小我国保险业东西部的差距，必须利用中西部保险业所具有的比较优势加快发展，使中西部保险业能够迅速赶上东部保险业的发展步伐。张伟等（2005）认为，中国保险业发展具有地区不平衡的特征，东部地区发展最快，中部地区次之，西部地区发展最慢；在大力发展东部地区保险市场的同时，应适当加大中西部保险市场的开发力度，促进中国保险业的协调发展。朱俊生等（2005）认为，为了实现保险市场区域发展的相对平衡，有必要实行适度倾斜的保险产业政策，为了促进中西部地区保险业的发展，保险监管机构要采取必要的措施，鼓励市场主体在中西部地区开展业务。徐哲、冯喆（2005）认为，中国的保险市场具有较为明显的地带性特征，从东向西表现为依次下降的"梯度"分布，与中国的区域经济发展状况较为一致。黄薇（2006）认为，我国区域保险协调发展的战略规划应是在发展东部地区的同时，向中西部地区倾斜，重点发展中西部地区。

当然，近年也有部分研究文献开始从新的视角来思考中国保险业区域发展问题，并提出了新的观点。比如肖志光（2007）认为，保险市场的区域均衡应当是指区域保险市场发展与当地经济和社会发展需求相适应的相对均衡。祝向军（2007）通过引入保险业绩指数对我国省级区域的保险发展业绩水平进行评价，认为我国非均衡的区域保险业发展并没有呈现出类似于区域经济一样的"东高西低"的阶梯式发展特征。但是，这些文献也存在一定的局限性。比如，肖志光（2007）没有给出判断区域保险市场发展是否均衡的具体指标；祝向军（2007）提出的保险业绩指数，较传统的保险深度而言，在比较区域保险发展方面更加直观，但本质上并无明显区别。

本章将在方法论讨论的基础上，分别从横向和纵向两大视角对中国保险业区域发展进行系统的比较分析，对有关中国寿险业、非寿险业，以及保险业总体区域发展的传统判断进行重新审视，提出一组新的判断，并在此基础上提出有关中国保险业区域发展的若干新解释和新启示。

二、基本思路和分析框架

常见的对保险业区域发展程度进行衡量比较的方法有：保费收入法、保险密度法和保险深度法。本部分简要地讨论这些方法，并分析各种方法的优势和局限。

（一）传统比较方法及其局限

1. 保费收入法

保费收入法，顾名思义就是以"保费收入"为指标对中国保险业的区域发展程度进行衡量比较。这种方法的优势是反映了各地区保险市场的总体规模，即反映了市场发展的总体水平，此外，该指标简单便于计算，结论也较为直观；但同时也有着明显的局限性：它未考虑区域的人口因素，未考虑人均水平，从而未能更加真实地反映各地区保险市场发展的实际水平。比如，A 省的保费收入高于 B 省，但同时 A 省的人口远远多于 B 省，如果依据保费收入法来衡量，A 省保险业发展程度高于 B 省；但如果考虑人口因素，考虑人均水平，则结论可能会有所不同。例如，2010 年山东保费收入为 1 030 亿元，重庆保费收入为 321 亿元。倘若以保费收入法来判断，山东保险业区域发展程度是重庆的 3.21 倍。然而，山东的人口规模是重庆的 3.3 倍，如果考虑人口基数的影响，并不能得出山东保险业区域发展程度高于重庆的结论。从保费收入法的实质来讲，该指标只能衡量保险市场规模，无法有效地衡量保险业区域发展水平。

2. 保险密度法

保险密度法，是以"保险密度"为指标对中国保险业的区域发展程度进行衡量比较。保险密度（Insurance Density）等于"保费收入/人口数"。这种方法的优势是在保费收入法的基础上增加了对人口因素的考虑，考虑了人均水平，类似于人均 GDP 能够比 GDP 总量更加真实地反映一个地区经济发展水平，保险密度法能够比保费收入法更加真实地反映各地区保险市场发展的实际水平。而且，保险密度这一指标使用广泛，计算简便。

但是，保险密度法也存在一定的局限性。它只是单纯地考虑保险业发展，而未同时考虑经济发展，未考虑"相对于经济发展水平的保险业发展水平"。比如，A 省保险密度高于 B 省，说明相对于 B 省，A 省的保险业发展水平较高；但是，如果 A 省经济发展水平远远高于 B 省，那么，A 省"相对于经济发展的保险业发展水平"未必比 B 省高。例如，2010 年，江苏省保险密度为 1 494 元，甘肃的保险密度为 553 元，因此在保险密度法下，会得出江苏保险区域发展程度远高于甘肃这样的结论。然而，如果考虑江苏人均 GDP 为 52 545 元、甘肃人均 GDP 仅为 15 572 元，就会发现，保险密度法下的分析低估了甘肃保险业发展的相对水平。

3. 保险深度法

保险深度法，是以"保险深度"为指标对中国保险业的区域发展程度进行衡量比较。保险深度（Insurance Penetration）等于"保费收入/GDP"，亦可看做等于"人均保费收入/人均 GDP"，即"保险密度/人均GDP"。所以，保险深度法可以视为在保险密度法的基础上加入对经济发展因素考虑的一个调整。该方法的优势在于，它不是单纯地考虑保险业的发展，而是同时考虑了经济发展，即考虑了保险与经济发展的相对关系。

但是，保险深度法也存在一定的局限性。它的局限主要表现在，它未能考虑"不同经济发展阶段具有不同保险深度"这一重要规律。这一规律通常表现为，在人均 GDP 较高的阶段，保险深度往往也相应较大。如果考虑这一点，那么仅凭"A 省的保险深度大于 B 省"，未必能够直接说明 A 省可比意义上的"相对于经济发展的保险业发展水平"高于 B 省了。例如，A 省的保险深度大于 B 省，但同时，A 省的人均GDP 水平也远远高于 B 省，而在通常意义上，在人均 GDP 较高的阶段，保险深度往往也相应较大，所以，A 省在理论上本就应当具有较高的保险深度。因此，从这个角度看，A 省可比意义上的"相对于经济发展的保险业发展水平"未必高于 B 省。例如，2010 年广东与甘肃的保险深度分别是 3.50% 与 3.55%，仅比较这两个数字，似乎广东和甘肃具有相似的保险业发展水平，然而，考虑到经济发展程度较高时本应具有较高的保险深度，因此，保险深度也无法理想地衡量相对于经济发展水平的保险业发展程度。

（二）保险基准比：一个新视角

在上述分析的基础上，我们提出一种新的比较方法——"保险基准深度比法"。下面将阐述保险基准深度比的含义、适用性及计算说明。

1. 含义

"保险基准深度比"（Benchmark Ratio of Insurance Penetration，BRIP）反映一个地区保险业的相对增长水平，具体而言，它衡量的是一个地区的保险深度与相应经济发展阶段上（此处指相同人均 GDP 水平阶段上）世界平均保险深度的相对关系。如果我们将"相应经济发展阶段上世界平均保险深度"称为"基准保险深度"，那么某年某地区的"保险基准深度比"为：

$$某年某地区保险基准深度比 = \frac{该年该地区实际保险深度}{基准保险深度} \times 100\%$$

式中分母"基准保险深度"指的是"相应经济发展阶段上世界平均保险深度",分子"实际保险深度"指的是该年该地区实际达到的保险深度。

实际上,保险基准深度比是对保险深度的一个基准化的调整,保险基准深度比等于1,意味着该年该地区实际保险深度等于相应经济发展阶段上世界平均保险深度;基准深度比小于1,意味着该深度低于世界平均保险深度;基准深度比大于1,意味着该深度高于世界平均保险深度。

提出"保险基准深度比"的基本考虑是,保险业是国民经济的一个部门,保险业的发展与经济发展之间存在一定的"内生"关系,保险业的发展不可能无限超越经济发展,所以,就保险业的发展水平不能脱离经济发展水平而言,比较保险业的区域发展程度,也只有建立在可比的"相对于经济发展的保险业发展水平"之上,才具有真正的可比性,也才有意义。举例来讲,比较保险业区域发展程度如同比较两个人的身高:A身高1.60米、B身高1.70米,在常规方法下,直观判断是后者比前者高。然而,如果得知A是一名10岁的儿童,而B是一名30岁的成人时,我们会得出大相径庭的结论:在儿童中,A是高个儿;在成人中,B只是平均高度。因此,如果我们在制定政策时仍然以传统指标体系下的结论为依据,过多向高个儿的儿童倾斜,最终的结果将是儿童营养过剩,成人却饿着肚子。

2. 适用性

"保险基准深度比"特别适用于一国内保险业区域发展程度的比较研究。因为在一国(特别是中国)内的各地区之间,虽然不可避免地存在经济、社会、文化等方面的差异,但基本上都不是质的差异。如在中国各地区,保险业的基本政策,以及与保险业相关的社会保障政策、税收政策、货币政策、财政政策和金融改革政策等等,在本质上都是相同的。①

---

① "保险基准深度比"也同样适用于国际比较,因为"保险基准深度比"是综合考虑保费收入、人口、经济、保险与经济关系规律等因素之后的指标。该指标越高,说明该国保险业的相对发展程度越高。

一个地区的保险基准深度比越高，意味着该地区的"基准化的保险业相对发展水平"越高，也就是说，在综合考虑保费收入、人口、经济发展、保险与经济关系的规律等因素之后，该地区的保险业相对发展程度越高；反之亦反。

通过下面具体测算可知，中国各地区保险基准深度比的排名与传统的保费收入、保险密度、保险深度的排名有所不同。对于指标方法适用性的讨论所得出的结论并不是要摒弃所有传统的排名指标，而是说，在衡量中国保险业区域发展程度这个问题上，仅考虑保费收入是偏颇的，因为它只是一个总体规模；仅考虑保险密度是不足的，因为它没有考虑经济发展；仅考虑保险深度也是有缺陷的，因为它没有考虑"不同经济发展阶段具有不同保险基准深度"这一重要规律；而"保险基准深度比"能够有效地弥补这些局限。因此可以说，"保险基准深度比"是衡量中国保险业区域发展程度的一个更加合理的指标。

3. 计算说明

"保险基准深度比"如何计算呢？仍以比较 A、B 两人的身高为例，首先需要知道人在各个成长阶段正常的身高标准，然后再用这个基准与 A 和 B 的身高进行比较。因此，计算"保险基准深度比"基本思路分为三步：第一步，先通过相关模型计算"基准保险深度"，即"相应经济发展阶段上世界平均保险深度"；第二步，计算某年某地区的实际保险深度；第三步，将实际保险深度除以基准保险深度，得到"保险基准深度比"。其中估计基准保险深度是较为关键与基础的步骤。此处，我们使用 1980～2009 年世界 95 个国家和地区的保险深度和人均 GDP 数据，估计世界保险业增长模型，以获得不同经济发展阶段上的基准保险深度的数值。[①]

---

① 世界保险业增长模型的表达式设定为：$Y = 1/(C_1 + C_2 \cdot C_3^X) + \varepsilon$。式中，$Y$ 为保险深度，X 为人均 GDP，C_1、C_2 和 C_3 分别为模型的三个参数，ε 为残差项。需要说明的是，在我们使用的样本数据中，寿险和非寿险的区分采用欧盟（EU）和经济合作与发展组织（OECD）标准惯例，将健康保险和意外伤害保险划入非寿险业务范围。寿险业的观测样本量为 2 291 个，非寿险业的观测样本量为 2 310 个，保险业的观测样本量为 2 262 个。数据来源：各国 GDP、人口数、人均 GDP 等数据来自联合国"National Accounts Main Aggregates"数据库，各国总保费收入、寿险保费收入、非寿险保费收入、总保险深度、寿险深度、非寿险深度等数据来自瑞士再"Sigma"世界保费数据库。人均 GDP 数据按照 1990 年可比价格以美元计价，保险深度数据是相对值（保费/GDP），不涉及价格调整问题。

我们以 2010 年北京地区的数据为例具体说明"保险基准深度比"的计算方法。2010 年，北京地区的人均 GDP 为 75 822 元人民币。第一步，通过世界保险增长模型计算得到，相对应于北京地区的经济发展阶段，基准寿险深度和基准非寿险深度分别为 1.13% 和 1.59%，两者之和即基准保险深度为 2.71%。[①]第二步，计算 2010 年北京地区的实际保险深度，为 7.01%；第三步，将 2010 年北京的实际保险深度除以基准保险深度，便可得到 2010 年北京地区的"保险基准深度比"为 2.59。这一数值即是相对于经济发展水平的保险业发展水平。通过这样的处理，我们标准化了衡量保险业区域发展水平的指标，使得不同省份之间更具有可比性。通过比较保险基准比的大小，就可以比较各个地区保险业的相对发展程度了。

保险基准深度比以严谨的统计计量模型为基础，将保险深度标准化为相应经济发展阶段上的保险业发展水平。传统指标保险密度在保费收入基础上考虑了人口因素的影响，保险深度在保险密度基础上考虑了人均 GDP 的因素；而保险基准比在保险深度基础上进一步深化了传统指标体系，通过考虑"相应经济发展阶段上世界平均保险深度"，得到相对于经济发展阶段的保险业发展水平，即保险基准深度比。该指标在继承传统指标的同时，又进一步发展了传统指标。其所揭示的信息有助于正确判断保险业区域发展状况，为政策制定提供了重要的参考依据。任何指标都不可能是完美的，该指标体系也存在一定的缺点，例如指标含义不如传统指标直观，计算需要以复杂的计量模型为基础，不能通过简单计算得出。随着指标体系的不断深化发展，这些问题往往难以避免，然而这并不影响该指标的可靠性与有效性。

三、中国保险业区域发展的横向比较

本部分将从寿险业、非寿险业和保险业总体三个方面，分别采用传统的保费收入法、保险密度法和保险深度法，以及本章提出的保险基准深度比法，对中国保险业区域发展进行 2010 年截面的横向比较。所谓横向比较包括两个方面：一是各省（区、市）之间的比较，二是东、

① 有四舍五入差异。

中、西三大区域之间的比较。

（一）寿险业

1. 传统指标及排名

表 2-1 报告了 2010 年中国各省（区、市）寿险保费、密度和深度的数值以及排名。寿险保费前三名分别是广东、江苏和北京，寿险密度前三名分别是北京、上海和广东，而寿险深度前三名分别是北京、上海和四川。稍后还将对传统指标排名与基准深度比排名进行对比分析。

表 2-1　　　　2010 年中国各省（区、市）寿险保费、密度和深度及排名

省（区、市）	寿险保费（百万元）	寿险密度（元）	寿险深度（%）	寿险保费排名	寿险密度排名	寿险深度排名
广　东	105 669	1 084	2.32	1	3	12
江　苏	78 041	1 003	1.91	2	5	18
北　京	67 649	3 723	4.91	3	1	1
山　东	66 235	695	1.68	4	12	23
上　海	63 061	3 221	3.74	5	2	2
河　南	61 834	650	2.70	6	15	6
四　川	52 264	638	3.09	7	16	3
河　北	51 359	725	2.54	8	10	7
浙　江	45 757	872	1.68	9	7	22
辽　宁	40 344	931	2.21	10	6	14
湖　北	37 226	650	2.36	11	14	11
湖　南	30 570	476	1.92	12	21	17
安　徽	29 551	481	2.41	13	20	9
福　建	26 163	717	1.82	14	11	19
黑龙江	25 449	665	2.49	15	13	8

续表

省（区、市）	寿险保费（百万元）	寿险密度（元）	寿险深度（%）	寿险保费排名	寿险密度排名	寿险深度排名
山　西	25 359	736	2.79	16	9	5
重　庆	23 577	820	2.99	17	8	4
陕　西	22 865	604	2.28	18	18	13
江　西	16 921	379	1.79	19	24	20
吉　林	16 593	604	1.93	20	17	16
天　津	13 391	1 043	1.47	21	4	26
云　南	11 741	255	1.63	22	27	24
广　西	11 008	225	1.16	23	29	28
新　疆	10 860	495	2.00	24	19	15
内蒙古	10 659	439	0.91	25	23	30
甘　肃	9 898	374	2.40	26	25	10
贵　州	6 770	178	1.47	27	30	25
宁　夏	2 946	466	1.79	28	22	21
海　南	2 725	312	1.33	29	26	27
青　海	1 342	239	0.99	30	28	29
西　藏	43	15	0.08	31	31	31
全　国	31 222	722	2.84	—	—	—

注：全国的各数据中，保费为各省（区、市）简单平均数据，密度和深度为全国数据，即将全国视为整体计算得出。

2. 基准深度比及排名

表2-2报告了2010年中国各省（区、市）寿险基准深度比的数值和排名。新方法的排名与原传统方法的结果差异很大，"寿险基准深度比"前三位分别是北京、四川和重庆。2010年寿险保费的前三位——广东、江苏和北京——在寿险基准深度比下的排名分别为第15、第23和第1位，其中广东和江苏排名相对靠后。

表 2 - 2 　　　　　　　 2010 年中国各省（区、市）
寿险基准深度比及排名

省（区、市）	寿险基准深度比	排名	省（区、市）	寿险基准深度比	排名
北 京	4.36	1	宁 夏	2.21	17
四 川	3.75	2	吉 林	2.15	18
重 庆	3.52	3	江 西	2.15	19
山 西	3.35	4	云 南	2.04	20
河 南	3.23	5	贵 州	1.89	21
甘 肃	2.99	6	福 建	1.88	22
上 海	2.98	7	江 苏	1.83	23
河 北	2.88	8	山 东	1.74	24
黑龙江	2.86	9	浙 江	1.64	25
安 徽	2.83	10	海 南	1.52	26
陕 西	2.75	11	广 西	1.41	27
湖 北	2.66	12	天 津	1.29	28
新 疆	2.44	13	青 海	1.20	29
湖 南	2.30	14	内蒙古	0.97	30
广 东	2.29	15	西 藏	0.10	31
辽 宁	2.24	16	全 国	2.64	

注：全国寿险基准深度比是将全国视为整体计算得出，不是各省（区、市）的简单平均。

3. 基准深度比与传统指标的比较

表 2 - 3 列示了 2010 年中国各省（区、市）寿险保费收入、寿险密度、寿险深度和寿险基准比的排名比较结果。从表 2 - 3 可以看出，在不同的指标方法下，各省（区、市）寿险业排名结果呈现明显差异。

表 2 - 3　　　2010 年四种方法下中国各省（区、市）
寿险业排名结果比较

省（区、市）	寿险保费	寿险密度	寿险深度	寿险基准比
广　东	1	3	12	15
江　苏	2	5	18	23
北　京	3	1	1	1
山　东	4	12	23	24
上　海	5	2	2	7
河　南	6	15	6	5
四　川	7	16	3	2
河　北	8	10	7	8
浙　江	9	7	22	25
辽　宁	10	6	14	16
湖　北	11	14	11	12
湖　南	12	21	17	14
安　徽	13	20	9	10
福　建	14	11	19	22
黑龙江	15	13	8	9
山　西	16	9	5	4
重　庆	17	8	4	3
陕　西	18	18	13	11
江　西	19	24	20	19
吉　林	20	17	16	18
天　津	21	4	26	28
云　南	22	27	24	20
广　西	23	29	28	27
新　疆	24	19	15	13
内蒙古	25	23	30	30
甘　肃	26	25	10	6
贵　州	27	30	25	21
宁　夏	28	22	21	17
海　南	29	26	27	26
青　海	30	28	29	29
西　藏	31	31	31	31

先以广东为例。2010 年广东的寿险保费收入居全国第 1 位，寿险密度居全国第 3 位，寿险深度居全国第 12 位，寿险基准深度比居全国第 15 位。这一组数据说明，广东的寿险保费收入规模在全国最大，但由于广东人口相对较多，所以其人均寿险保费即寿险密度的排名有所下降；同时，由于广东经济发展水平相对较高，所以其寿险深度的排名进一步下降；进一步的，考虑"较高经济发展阶段具有较高寿险基准深度"这一规律，其寿险基准深度比的排名继续下降。江苏、山东等地区呈现相似的排名规律。

再以山西为例。2010 年山西寿险保费收入居全国第 16 位，寿险密度居全国第 9 位，寿险深度居全国第 5 位，寿险基准深度比居全国第 4 位。这一组数据说明，山西的寿险保费收入规模在全国居中，但由于山西人口相对不多，所以其人均寿险保费即保险密度的排名有所上升；同时，由于山西经济发展水平相对不高，所以其寿险深度的排名进一步上升；进一步的，考虑"较低经济发展阶段具有较低寿险基准深度"这一规律，其寿险基准深度比的排名继续上升。重庆、陕西、新疆、甘肃、宁夏等地区呈现相似的排名规律。

4. 东中西三大区域的比较

传统研究大多认为，中国寿险业区域发展呈现明显的东、中、西依次递减的层级分布。但是，由于前述讨论谈到传统比较方法的局限，因此这一传统判断是否正确，有待重新的审视。

本部分将按照通行的东、中、西划分方法进行区域界定，即中国东、中、西部各有 11、8、12 个省（区、市）。同时，分别按照寿险保费、寿险密度、寿险深度、寿险基准深度比等指标，计算东、中、西部的各指标平均值。

表 2 - 4 报告了 2010 年中国各省（区、市）寿险业四种指标的统计。从表 2 - 4 可以看出，在保费、密度、深度和基准深度比等四种不同方法下，中国寿险业发展的三个层级的划分存在明显的差异，由此得出的有关中国寿险业区域发展的判断也大相径庭。

表 2 - 4   2010 年四种方法下中国寿险业的区域比较

方 法	东部地区	中部地区	西部地区	东中西之比
寿险保费平均（百万元）	50 945	30 438	13 664	3. 7:2. 2:1
寿险密度（元）	1 051	576	444	2. 4:1. 3:1
寿险深度（%）	2. 26	2. 34	2. 03	1. 1:1. 2:1
寿险基准深度比	2. 26	2. 74	2. 46	0. 9:1. 1:1

注：寿险保费为区域内各省（区、市）简单平均数据；其余为区域整体数据，即将各区域分别视为整体计算得出。

按平均寿险保费收入统计，东部地区为 509 亿元，中部地区为 304 亿元，西部地区为 137 亿元，东、中、西之比为 3. 7:2. 2:1。从这组数据可以看出，东部地区明显优于中部，中部地区明显优于西部。因此，从保费收入的角度看，中国寿险业发展呈现出"东、中、西依次明显递减"的特征。

按寿险密度统计，东部地区的寿险密度为 1 051 元，中部地区为 576 元，西部地区为 444 元，东、中、西之比为 2. 4:1. 3:1。从这组数据可以看出，东部地区明显优于中部，中部地区优于西部。因此，从保险密度的角度看，中国寿险业发展同样呈现出"东、中、西依次明显递减"的特征。

按寿险深度统计，东部地区的寿险深度为 2. 26%，中部地区为 2. 34%，西部地区为 2. 03%，东、中、西之比为 1. 1:1. 2:1。从这组数据可以看出，中部地区略优于东部和西部。因此，从保险深度的角度看，中国寿险业发展呈现出"中、东、西依次递减"的特征。

按寿险基准深度比统计，东部地区的寿险基准比为 2. 26，中部地区为 2. 74，西部地区为 2. 46，东、中、西之比为 0. 9:1. 1:1。从这组数据可以看出，中部地区优于西部，西部地区优于东部。因此，从保险基准深度比的角度看，中国寿险业发展呈现出"中、西、东依次递减"的特征。

为了更直观地看出 2010 年四种方法下中国寿险业的区域比较情况，将以上分析结果列示于图 2 - 1 中。

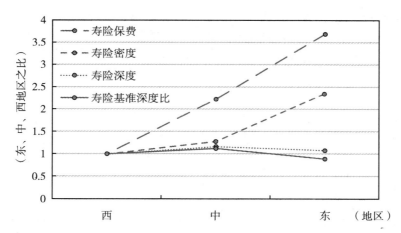

图 2 - 1　2010 年四种方法下中国寿险业的东、中、西地区之比

5. 小结

　　根据前文讨论的四种比较方法（保费收入、保险密度、保险深度、保险基准深度比）的局限性和适用性的比较可知，在衡量中国保险业区域发展程度这一问题上，保费收入、保险密度、保险深度等传统方法存在明显局限，而"保险基准深度比"能够有效地弥补这些传统方法的局限，是衡量中国保险业区域发展程度的一个更加合理的指标。

　　据此得出结论，基于传统方法做出的诸如"东、中、西依次明显递减"等有关中国寿险业区域发展的传统判断，是值得商榷的；笔者基于保险基准深度比做出的新的基本判断是：2010 年，从可比意义的"相对于经济发展的寿险业发展水平"（即"寿险基准深度比"）的视角来看，中国寿险业发展呈现出"中、西、东依次递减"的特征。

（二）非寿险业

1. 传统指标及排名

　　表 2 - 5 报告了 2010 年中国各省（区、市）非寿险保费、密度和深度的数值以及排名。非寿险保费前三名分别是广东、江苏和山东，非寿险密度前三名分别是北京、上海和天津，而非寿险深度前三名分别是北京、上海和四川。稍后还将对传统指标排名与基准深度比排名进行对比分析。

表 2-5 2010 年中国各省（区、市）
非寿险保费、密度和深度及排名

省（区、市）	非寿险保费（百万元）	非寿险密度（元）	非寿险深度（%）	非寿险保费排名	非寿险密度排名	非寿险深度排名
广　东	159 325	1 634	3.50	1	4	10
江　苏	116 267	1 494	2.84	2	6	20
山　东	103 007	1 081	2.61	3	10	25
北　京	96 646	5 318	7.01	4	1	1
上　海	88 386	4 515	5.24	5	2	2
浙　江	83 440	1 590	3.06	6	5	18
河　南	79 328	833	3.46	7	21	11
四　川	76 577	935	4.53	8	13	3
河　北	74 640	1 054	3.70	9	12	6
辽　宁	60 486	1 395	3.31	10	7	14
湖　北	50 033	873	3.17	11	17	17
湖　南	43 853	682	2.76	12	23	22
安　徽	43 825	714	3.57	13	22	7
福　建	42 361	1 160	2.95	14	8	19
山　西	36 530	1 060	4.02	15	11	5
黑龙江	34 322	897	3.35	16	14	12
陕　西	33 381	882	3.33	17	16	13
重　庆	32 108	1 116	4.07	18	9	4
江　西	25 326	567	2.68	19	24	23
吉　林	23 925	872	2.79	20	18	21
云　南	23 568	512	3.26	21	27	15
内蒙古	21 554	887	1.85	22	15	30
天　津	21 401	1 667	2.35	23	3	26
广　西	19 094	389	2.01	24	29	28
新　疆	19 092	869	3.52	25	19	9
甘　肃	14 634	553	3.55	26	25	8
贵　州	12 263	322	2.67	27	30	24
宁　夏	5 275	834	3.21	28	20	16
海　南	4 795	549	2.34	29	26	27
青　海	2 570	458	1.90	30	28	29
西　藏	506	173	1.00	31	31	31
全　国	15 505	358	1.41	—	—	—

注：全国部分，保费为各省（区、市）简单平均数据、密度和深度为全国数据，即将全国视为整体计算得出。

2. 基准深度比及排名

表2-6报告了2010年中国各省（区、市）非寿险基准深度比的数值和排名。新方法的排名与原有的传统方法的结果差异很大，"非寿险基准深度比"前三位分别是云南、新疆和北京。2010年非寿险保费前三位——广东、江苏和山东——在非寿险基准深度比下的排名分别为第17、第30和第26位，相对靠后。

表2-6 　　　　　　　2010年中国各省（区、市）
非寿险基准深度比及排名

省（区、市）	非寿险基准深度比	非寿险基准深度比排名	省（区、市）	非寿险基准深度比	非寿险基准深度比排名
云　南	1.53	1	广　东	0.83	17
新　疆	1.36	2	西　藏	0.82	18
北　京	1.33	3	青　海	0.81	19
宁　夏	1.29	4	辽　宁	0.80	20
四　川	1.28	5	江　西	0.78	21
贵　州	1.15	6	广　西	0.76	22
山　西	1.08	7	湖　南	0.73	23
甘　肃	1.06	8	黑龙江	0.73	24
安　徽	1.00	9	内蒙古	0.71	25
浙　江	0.96	10	山　东	0.69	26
河　北	0.95	11	吉　林	0.69	27
重　庆	0.93	12	河　南	0.67	28
陕　西	0.93	13	湖　北	0.66	29
上　海	0.86	14	江　苏	0.64	30
海　南	0.84	15	天　津	0.55	31
福　建	0.83	16	全　国	0.95	

注：全国非寿险基准深度比是将全国视为整体计算得出，不是各省（区、市）的简单平均。

3. 基准深度比与传统指标的比较

表 2-7 报告了 2010 年中国各省（区、市）非寿险保费收入、非寿险密度、非寿险深度和非寿险基准比的排名比较结果。从表 2-7 可以看出，在不同的指标方法下，各省（区、市）非寿险业排名结果呈现明显差异。

表 2-7　　2010 年四种方法下中国各省（区、市）非寿险业排名结果比较

省（区、市）	非寿险保费排名	非寿险密度排名	非寿险深度排名	非寿险基准比排名
广　东	1	5	10	17
江　苏	2	6	20	30
浙　江	3	3	7	10
山　东	4	10	21	26
北　京	5	1	1	3
上　海	6	2	4	14
四　川	7	15	5	5
河　北	8	13	12	11
辽　宁	9	7	15	20
河　南	10	27	31	28
福　建	11	9	14	16
安　徽	12	21	11	9
湖　南	13	25	29	23
湖　北	14	23	30	29
云　南	15	19	2	1
山　西	16	14	8	7
内蒙古	17	8	19	25
陕　西	18	17	17	13
黑龙江	19	22	26	24
重　庆	20	16	16	12

省（区、市）	非寿险保费排名	非寿险密度排名	非寿险深度排名	非寿险基准比排名
江　西	21	26	24	21
新　疆	22	11	3	2
广　西	23	29	28	22
天　津	24	4	25	31
吉　林	25	18	27	27
贵　州	26	31	9	6
甘　肃	27	28	13	8
宁　夏	28	12	6	4
海　南	29	20	18	15
青　海	30	24	23	19
西　藏	31	30	22	18

　　先以江苏为例。2010 年江苏非寿险保费收入居全国第 2 位，非寿险密度居全国第 6 位，非寿险深度居全国第 20 位，非寿险基准深度比居全国第 30 位。这一组数据说明，江苏的非寿险保费收入规模在全国领先，但由于江苏人口相对较多，所以其人均非寿险保费即非寿险密度的排名有所下降；同时，由于江苏经济发展水平相对较高，所以其非寿险深度的排名进一步下降；进一步的，考虑"较高经济发展阶段具有较高非寿险基准深度"这一规律，其非寿险基准深度比的排名继续下降。广东、浙江、山东等省呈现相似的排名规律。

　　再以新疆为例。2010 年新疆非寿险保费收入居全国第 22 位，非寿险密度居全国第 11 位，非寿险深度居全国第 3 位，非寿险基准深度比居全国第 2 位。这一组数据说明，新疆的非寿险保费收入规模在全国居中等偏下，但由于新疆人口不多，所以其人均非寿险保费即非寿险密度的排名明显上升；同时，由于新疆经济发展水平相对不高，所以其非寿险深度的排名进一步上升；进一步的，考虑"较低经济发展阶段具有较低非寿险基准深度"这一规律，其非寿险基准深度比的排名继续上升。山西、陕西、重庆、宁夏、青海、西藏等省（区、市）呈现相似的排名规律。

4. 东中西三大区域的比较

传统研究大多认为，中国非寿险业区域发展呈现明显的东、中、西依次递减的层级分布。但是，由于前文已讨论传统比较方法的局限，因此这一传统判断是否正确，有待于重新的审视。

在本部分，将分别按照非寿险保费、非寿险密度、非寿险深度、非寿险基准深度比等指标，计算东、中、西部地区的各项指标平均值。

表2－8报告了2010年中国各省（区、市）非寿险业四种指标的统计。从表2－8可以看出，在保费、密度、深度和基准深度比等四种不同方法下，中国非寿险业发展的三个层级的划分存在明显的差异，由此得出的有关中国非寿险业区域发展的判断也大相径庭。

表2－8　　2010年四种方法下中国非寿险业的区域比较

方　　法	东部地区	中部地区	西部地区	东中西之比
非寿险保费平均（百万元）	26 396	11 705	8 054	3.3:1.5:1
非寿险密度（元）	545	221	262	2.1:0.8:1
非寿险深度（%）	1.17	0.90	1.20	1:0.7:1
非寿险基准深度比	0.84	0.77	1.07	0.8:0.7:1

注：非寿险保费为区域内各省（区、市）简单平均数据；其余为区域整体数据，即将各区域分别视为整体计算得出。

按平均非寿险保费收入统计，东部地区为264亿元，中部地区为117亿元，西部地区为81亿元，东、中、西之比为3.3:1.5:1。从这组数据可以看出，东部地区明显优于中部，中部地区优于西部。因此，从保费收入的角度看，中国非寿险业发展呈现出"东、中、西依次明显递减"的特征。

按非寿险密度统计，东部地区为545元，中部地区为221元，西部地区为262元，东、中、西之比为2.1:0.8:1。从这组数据可以看出，东部地区明显优于西部，西部地区优于中部。因此，从保险密度的角度看，中国非寿险业发展呈现出"东、西、中依次递减"的特征。

按非寿险深度统计，东部地区为1.17%，中部地区为0.90%，西部地区为1.20%，东、中、西之比为1:0.7:1。从这组数据可以看出，东部和西部地区基本相当，中部落后于东、西部。因此，从保险深度的角度看，中国非寿险业发展呈现出"东、西相当，中部落后"的特征。

按非寿险基准深度比统计，东部地区为 0.84，中部地区为 0.77，西部地区为 1.07，东、中、西之比为 0.8:0.7:1。从这组数据可以看出，西部地区略优于东部，东部地区优于中部。因此，从保险基准深度比的角度看，中国非寿险业发展呈现出"西、东、中依次递减"的特征。

为更直观地看出 2010 年四种方法下中国非寿险业的区域比较情况，我们将以上分析结果列示于图 2－2 中。

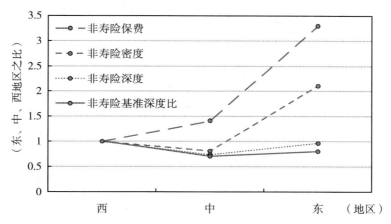

图 2－2　2010 年四种方法下中国非寿险业的东中西地区之比

5. 小结

如前述方法论部分的讨论，"保险基准深度比"是衡量中国保险业区域发展程度的一个更加合理的指标。据此笔者认为，基于传统方法做出的诸如"东、中、西依次明显递减"等有关中国非寿险业区域发展的传统判断，是值得商榷的；基于非寿险基准深度比做出的新的基本判断是：2010 年，从可比意义的"相对于经济发展的非寿险业发展水平"（即"非寿险基准深度比"）的视角来看，中国非寿险业发展呈现出"西、东、中依次递减"的特征。

（三）保险业

1. 传统指标及排名

表 2－9 报告了 2010 年中国各省（区、市）保险保费、密度和深

度的数值以及排名。保险保费前三位分别是广东、江苏和山东，保险密度前三位分别是北京、上海和天津，而保险深度前三位分别是北京、上海和四川。稍后还将对传统指标排名与基准深度比排名进行对比分析。

表 2 - 9　　　　　　　　2010 年中国各省（区、市）
保险业保费、密度和深度及排名

省（区、市）	保险保费（百万元）	保险密度（元）	保险深度（%）	保险保费排名	保险密度排名	保险深度排名
广　东	159 325	1 634	3.50	1	4	10
江　苏	116 267	1 494	2.84	2	6	20
山　东	103 007	1 081	2.61	3	10	25
北　京	96 646	5 318	7.01	4	1	1
上　海	88 386	4 515	5.24	5	2	2
浙　江	83 440	1 590	3.06	6	5	18
河　南	79 328	833	3.46	7	21	11
四　川	76 577	935	4.53	8	13	3
河　北	74 640	1 054	3.70	9	12	6
辽　宁	60 486	1 395	3.31	10	7	14
湖　北	50 033	873	3.17	11	17	17
湖　南	43 853	682	2.76	12	23	22
安　徽	43 825	714	3.57	13	22	7
福　建	42 361	1 160	2.95	14	8	19
山　西	36 530	1 060	4.02	15	11	5
黑龙江	34 322	897	3.35	16	14	12
陕　西	33 381	882	3.33	17	16	13
重　庆	32 108	1 116	4.07	18	9	4
江　西	25 326	567	2.68	19	24	23
吉　林	23 925	872	2.79	20	18	21
云　南	23 568	512	3.26	21	27	15
内蒙古	21 554	887	1.85	22	15	30
天　津	21 401	1 667	2.35	23	3	26

续表

省（区、市）	保险保费（百万元）	保险密度（元）	保险深度（%）	保险保费排名	保险密度排名	保险深度排名
广　西	19 094	389	2.01	24	29	28
新　疆	19 092	869	3.52	25	19	9
甘　肃	14 634	553	3.55	26	25	8
贵　州	12 263	322	2.67	27	30	24
宁　夏	5 275	834	3.21	28	20	16
海　南	4 795	549	2.34	29	26	27
青　海	2 570	458	1.90	30	28	29
西　藏	506	173	1.00	31	31	31
全　国	46 726	1 080	4.25	—	—	—

注：全国部分，保费为各省（区、市）简单平均数据；密度和深度为全国数据，即将全国视为整体计算得出。

2. 基准深度比及排名

表2－10报告了2010年中国各省（区、市）保险基准深度比的数值和排名。新方法的排名与原有的传统方法的结果差异很大，保险基准比前三位分别是北京、四川和山西。2010年保险保费前三位——广东、江苏和山东——在保险基准深度比下的排名分别为第17、第24和第25位，相对靠后。

表2－10　　　　　　2010年中国各省（区、市）
保险基准深度比及排名

省（区、市）	保险基准深度比	保险基准深度比排名	省（区、市）	保险基准深度比	保险基准深度比排名
北　京	2.59	1	新　疆	1.82	6
四　川	2.33	2	安　徽	1.77	7
山　西	2.04	3	河　北	1.76	8
重　庆	2.02	4	河　南	1.75	9
甘　肃	1.88	5	云　南	1.75	10

省（区、市）	保险基准深度比	保险基准深度比排名	省（区、市）	保险基准深度比	保险基准深度比排名
上　海	1.74	11	福　建	1.27	22
陕　西	1.70	12	浙　江	1.24	23
宁　夏	1.68	13	江　苏	1.13	24
黑龙江	1.63	14	山　东	1.13	25
湖　北	1.50	15	海　南	1.13	26
贵　州	1.47	16	广　西	1.03	27
广　东	1.44	17	青　海	0.97	28
湖　南	1.40	18	天　津	0.86	29
辽　宁	1.40	19	内蒙古	0.82	30
江　西	1.36	20	西　藏	0.52	31
吉　林	1.30	21	全　国	1.66	—

注：全国非寿险基准深度比是将全国视为整体计算得出，不是各省（区、市）简单平均。

3. 基准深度比与传统指标的比较

　　表2－11报告了2010年中国各省（区、市）保险保费收入、保险密度、保险深度和保险基准比的排名比较结果。从表2－11可以看出，在不同的指标方法下，各省（区、市）保险业排名结果呈现明显差异。

表2－11　　　　2010年四种方法下中国各省保险业排名结果比较

省（区、市）	保险保费排名	保险密度排名	保险深度排名	保险基准比排名
广　东	1	4	10	17
江　苏	2	6	20	24
山　东	3	10	25	25
北　京	4	1	1	1
上　海	5	2	2	11
浙　江	6	5	18	23

省（区、市）	保险保费排名	保险密度排名	保险深度排名	保险基准比排名
河　南	7	21	11	9
四　川	8	13	3	2
河　北	9	12	6	8
辽　宁	10	7	14	19
湖　北	11	17	17	15
湖　南	12	23	22	18
安　徽	13	22	7	7
福　建	14	8	19	22
山　西	15	11	5	3
黑龙江	16	14	12	14
陕　西	17	16	13	12
重　庆	18	9	4	4
江　西	19	24	23	20
吉　林	20	18	21	21
云　南	21	27	15	10
内蒙古	22	15	30	30
天　津	23	3	26	29
广　西	24	29	28	27
新　疆	25	19	9	6
甘　肃	26	25	8	5
贵　州	27	30	24	16
宁　夏	28	20	16	13
海　南	29	26	27	26
青　海	30	28	29	28
西　藏	31	31	31	31

　　先以广东为例。2010 年广东保险业保费收入居全国第 1 位，保险密度居全国第 4 位，保险深度居全国第 10 位，保险基准深度比居全国第 17 位。这一组数据说明，广东的保费收入规模在全国领先，但由于

广东人口相对较多，所以其人均保费即保险密度的排名有所下降；同时，由于广东经济发展水平相对较高，所以其保险深度的排名进一步下降；进一步的，考虑"较高经济发展阶段具有较高保险基准深度"这一规律，其保险基准深度比的排名继续下降。江苏等地区呈现相似的排名规律。

再以新疆为例。2010 年新疆保费收入居全国第 25 位，保险密度居全国第 19 位，保险深度居全国第 9 位，保险基准深度比居全国第 6 位。这一组数据说明，新疆的保费收入规模在全国较为靠后，但由于新疆人口不多，所以其人均保费即保险密度的排名有所上升；同时，由于新疆经济发展水平相对不高，所以其保险深度的排名进一步上升；进一步的，考虑"较低经济发展阶段具有较低保险基准深度"这一规律，其保险基准深度比的排名继续上升。山西、陕西、甘肃、宁夏等地区呈现相似的排名规律。

4. 东中西三大区域的比较

传统研究大多认为，中国保险业区域发展呈现明显的东、中、西依次递减的层级分布。但是，由于前述讨论谈到传统比较方法的局限，因此这一传统判断是否正确，有待于一个重新的审视。

在本部分，将分别按照保险保费、保险密度、保险深度、保险基准深度比等指标，计算东、中、西部的各指标平均值。

表 2 – 12 报告了 2010 年中国各省（区、市）保险业四种指标的统计。从表 2 – 12 可以看出，在保费、密度、深度和基准深度比等四种不同方法下，中国保险业发展的三个层级的划分存在明显的差异，由此得出的有关中国保险业区域发展的判断也大相径庭。

表 2 – 12　　2010 年四种方法下中国保险业的区域比较

方　　法	东部地区	中部地区	西部地区	东中西之比
保费平均（百万元）	77 341	42 143	21 718	3.6:1.9:1
保险密度（元）	1 596	797	706	2.3:1.1:1
保险深度（%）	3.44	3.23	3.22	1.1:1:1
保险基准深度比	1.43	1.60	1.66	0.9:1:1

注：保费为区域内各省（区、市）简单平均数据；其余为区域整体数据，即将各区域分别视为整体计算得出。

按保费收入，东部地区各省（区、市）平均保险保费为 773 亿元，中部地区为 421 亿元，西部地区为 217 亿元，东、中、西之比为 3.6:1.9:1。从这组数据可以看出，东部地区明显优于中部，中部地区明显优于西部。因此，从保费收入的角度看，中国保险业发展呈现出"东、中、西依次明显递减"的特征。

按保险密度，东部地区的保险密度是 1 596 元，中部地区为 797 元，西部地区为 706 元，东、中、西部地区之比为 2.3:1.1:1。从这组数据可以看出，东部地区明显优于中部，中部明显优于西部。因此，从保险密度的角度看，中国保险业发展呈现出"东、中、西依次明显递减"的特征。

按保险深度，东部地区的保险深度为 3.44%，中部地区为 3.23%，西部地区为 3.22%，东、中、西之比约为 1.1:1:1。从这组数据可以看出，东部、中部和西部地区基本相当。因此，从保险深度的角度看，中国保险业发展呈现出"东、中、西基本相当"的特征。

按保险基准深度比，东部地区的保险基准比为 1.43，中部地区为 1.60，西部地区为 1.66，东、中、西之比为 0.9:1:1。从这组数据可以看出，中部和西部大致相当，并且略优于东部。因此，从保险基准深度比的角度看，中国保险业发展呈现出"中、西相当，东部稍逊"的特征。

为更直观地看出 2010 年四种方法下中国保险业的区域比较情况，将以上分析结果列示于图 2－3 中。

5. 小结

如前述方法论部分的讨论，"保险基准深度比"是衡量中国保险业区域发展程度的一个更加合理的指标。据此笔者认为，基于传统方法做出的诸如"东、中、西依次明显递减"或"东部占优"等有关中国保险业区域发展的传统判断，是值得商榷的；笔者基于保险基准深度比做出的新的基本判断是：2010 年，从可比意义的"相对于经济发展的保险业发展水平"（即"保险基准深度比"）的视角来看，中国保险业发展呈现出"中、西相当，东部稍逊"的特征。

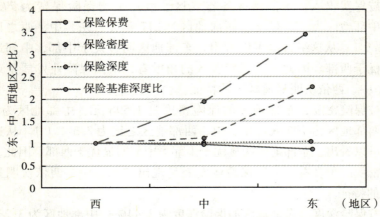

图 2 - 3　2010 年四种方法下中国保险业的
东、中、西地区之比

四、中国保险业区域发展的纵向比较

本章第三部分对 2010 年中国各省（区、市）之间，以及东、中、西三大区域之间的保险业发展水平（包括寿险业、非寿险业、保险业总体）进行了横向比较。在这一部分，将对保险业的区域发展进行纵向比较，即在时间维度上进行扩展，考察从 1998 ~ 2010 年期间中国保险业的区域发展状况，以便对中国保险业区域发展有一个更加全面的认识和把握。

（一）寿险业

1. 各省（区、市）的纵向比较

表 2 - 13 列出了 1998 ~ 2010 年间中国各省（区、市）寿险基准深度比的值，表 2 - 14 显示了各省（区、市）寿险基准深度比的排名情况。从表 2 - 14 可以看出，与 1998 年相比，2010 年各省（区、市）寿险基准深度比排名有很大变化，但近几年排名波动有所趋缓。

表 2 –13 　　　　1998 ～ 2008 年中国各省（区、市）寿险基准深度比

省（区、市） 年份	1998	2000	2002	2004	2006	2008	2010
北　京	2.96	1.99	4.41	3.19	3.51	3.26	4.36
上　海	2.10	2.04	3.40	2.65	2.50	2.38	2.98
天　津	1.40	1.10	2.58	1.88	1.67	1.78	1.29
广　东	1.26	1.10	1.66	1.57	1.50	2.15	2.29
陕　西	1.24	1.21	2.58	2.25	2.23	2.90	2.75
贵　州	1.14	1.10	1.51	1.44	1.56	1.78	1.89
重　庆	1.10	1.13	1.92	2.09	2.17	3.59	3.52
新　疆	1.09	1.25	2.52	2.37	2.09	2.80	2.44
浙　江	1.05	1.17	2.06	1.76	1.39	1.58	1.64
辽　宁	1.01	1.19	2.41	2.60	2.10	2.45	2.24
湖　北	1.00	1.35	1.88	1.88	1.73	2.52	2.66
江　苏	0.99	1.24	2.50	2.24	1.77	1.80	1.83
吉　林	0.99	1.14	2.00	2.15	1.89	2.16	2.15
甘　肃	0.94	1.22	2.39	2.29	2.12	2.75	2.99
云　南	0.90	1.14	1.65	1.74	1.57	2.06	2.04
福　建	0.85	0.88	1.84	1.83	1.62	1.89	1.88
四　川	0.84	0.90	1.81	1.94	2.25	3.46	3.75
湖　南	0.83	0.98	1.96	1.87	1.67	2.55	2.30
内蒙古	0.79	0.97	1.47	1.54	1.13	1.15	0.97
江　西	0.78	0.94	1.62	2.23	1.85	2.43	2.15
山　西	0.78	1.06	2.85	2.54	2.54	3.32	3.35
安　徽	0.78	1.00	1.73	2.40	2.33	3.01	2.83
河　南	0.75	0.95	2.12	2.39	1.90	2.75	3.23
广　西	0.74	1.03	1.57	1.54	1.23	1.44	1.41
黑龙江	0.64	0.93	2.30	2.78	2.41	2.75	2.86
山　东	0.62	0.96	1.93	1.81	1.35	1.60	1.74
宁　夏	0.56	1.21	1.97	1.85	1.87	2.08	2.21
青　海	0.46	0.92	1.38	1.01	0.77	0.86	1.20
海　南	0.40	0.79	1.19	1.35	1.11	1.43	1.52
河　北	0.30	0.82	1.71	2.15	1.81	2.55	2.88
西　藏	0.05	0.00	0.00	0.00	0.00	0.03	0.10
全　国	1.09	1.07	2.11	2.12	2.02	2.59	2.64

注：全国寿险基准深度比是将全国视为整体计算得出，不是各省（区、市）的简单平均。

表 2 - 14　　　　1998～2010 年中国各省（区、市）
寿险基准深度比排名

省（区、市）	1998	2000	2002	2004	2006	2008	2010
北　京	1	2	1	1	1	4	1
上　海	2	1	2	3	3	16	7
天　津	3	15	5	17	20	24	28
广　东	4	14	23	25	24	18	15
陕　西	5	8	4	10	7	6	11
贵　州	6	16	27	28	23	23	21
重　庆	7	13	17	15	8	1	3
新　疆	8	4	6	8	11	7	13
浙　江	9	10	12	23	25	26	25
辽　宁	10	9	8	4	10	14	16
湖　北	11	3	18	18	18	13	12
江　苏	12	5	7	11	17	22	23
吉　林	13	12	13	13	13	17	18
甘　肃	14	6	9	9	9	8	6
云　南	15	11	24	24	22	20	20
福　建	16	28	19	21	21	21	22
四　川	17	27	20	16	6	2	2
湖　南	18	20	15	19	19	12	14
内蒙古	19	21	28	27	28	29	30
江　西	20	24	25	12	15	15	19
山　西	21	17	3	5	2	3	4
安　徽	22	19	21	6	5	5	10
河　南	23	23	11	7	12	10	5
广　西	24	18	26	26	27	27	27
黑龙江	25	25	10	2	4	9	9
山　东	26	22	16	22	26	25	24
宁　夏	27	7	14	20	14	19	17
青　海	28	26	29	30	30	30	29
海　南	29	30	30	29	29	28	26
河　北	30	29	22	14	16	11	8
西　藏	31	31	31	31	31	31	31

2. 三大区域的纵向比较

为了更清晰地观察东、中、西三大区域寿险业发展水平的历史纵向变化，表2 – 15列出了1998～2010年东、中、西三大区域的寿险基准深度比，图2 – 4将1998～2010年各区域寿险基准深度比更直观地显示出来。

表2 – 15　　1998～2008年东、中、西三大区域寿险基准深度比

年　份	东部地区	中部地区	西部地区	全　国
1998	1. 14	0. 81	0. 92	1. 00
1999	1. 22	0. 97	1. 04	1. 08
2000	1. 22	1. 04	1. 06	1. 07
2001	1. 69	1. 25	1. 30	1. 47
2002	2. 33	2. 05	1. 88	2. 12
2003	2. 46	2. 47	2. 10	2. 44
2004	2. 10	2. 28	1. 87	2. 14
2005	2. 07	2. 05	1. 79	2. 11
2006	1. 83	2. 01	1. 81	1. 99
2007	1. 86	2. 03	1. 86	2. 00
2008	2. 11	2. 69	2. 45	2. 49
2009	2. 10	2. 62	2. 35	2. 55
2010	2. 26	2. 74	2. 46	2. 64

注：表中数据均为将各地区或全国视为整体后计算得出。个别年份全国寿险基准深度比大于东、中、西部地区寿险基准深度比，是由于国家统计局公布的全国GDP数据小于各省（区、市）GDP之和。本章其余部分类似问题同理。

从图2 – 4可以看出：第一，在1998～2010年期间，东、中、西部地区的寿险基准深度比呈现前期明显上升、后期较为平稳的态势；第二，东、中、西部的寿险基准深度比呈现大致相同的波动趋势；第三，2003年之前，东部地区的寿险基准深度比大于中部和西部，2003年之后，东部地区的寿险基准深度比开始落后于中部，后又落后于西部。因此，从可比意义的"相对于经济发展的寿险业发展水平"（即"寿险基

准深度比”）的视角来看，近几年中国寿险业发展开始呈现出“中、西、东依次递减”的趋势。

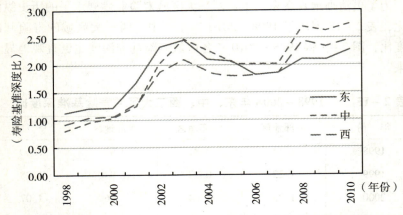

图 2 - 4　1998 ~ 2010 年东、中、西三大区域寿险基准深度比比较

（二）非寿险业

1. 各省（区、市）的纵向比较

表 2 - 16 列出了 1998 ~ 2010 年间中国各省（区、市）非寿险基准深度比的值，表 2 - 17 显示了各省（区、市）非寿险基准深度比的排名情况。从表 2 - 17 可以看出，与 1998 年相比，2010 年各省（区、市）非寿险基准深度比排名有很大变化，但近几年排名波动有所趋缓。

表 2 - 16　　　　1998 ~ 2010 年中国各省（区、市）非寿险基准深度比

省（区、市） ＼ 年份	1998	2000	2002	2004	2006	2008	2010
云　南	1.33	1.17	1.17	1.09	1.16	1.24	1.53
宁　夏	1.23	0.81	0.82	1.15	1.23	1.17	1.29
青　海	1.20	0.95	0.88	0.80	0.73	0.71	0.81
甘　肃	1.15	0.91	0.93	0.90	0.85	0.85	1.06
北　京	1.08	1.16	1.25	1.29	1.24	1.16	1.33

续表

年 份\n省（区、市）	1998	2000	2002	2004	2006	2008	2010
新　疆	1.00	0.77	1.27	1.23	1.12	1.26	1.36
广　东	0.99	0.85	0.86	0.83	0.82	0.82	0.83
辽　宁	0.96	0.79	0.81	0.86	0.83	0.77	0.80
贵　州	0.88	0.87	0.91	0.95	0.99	1.01	1.15
山　西	0.87	0.74	0.81	0.94	0.93	0.97	1.08
内蒙古	0.87	0.65	0.60	0.58	0.52	0.66	0.71
陕　西	0.86	0.73	0.80	0.88	0.82	0.79	0.93
上　海	0.83	0.74	0.83	0.95	0.95	0.97	0.86
天　津	0.83	0.86	0.74	0.69	0.66	0.61	0.55
重　庆	0.78	0.89	0.87	0.86	0.93	0.92	0.93
吉　林	0.78	0.64	0.60	0.51	0.55	0.54	0.69
浙　江	0.76	0.62	0.84	0.85	0.87	0.85	0.96
广　西	0.72	0.72	0.73	0.76	0.69	0.66	0.76
河　北	0.71	0.48	0.53	0.69	0.64	0.69	0.95
福　建	0.69	0.67	0.68	0.78	0.80	0.77	0.83
四　川	0.67	0.88	0.91	1.02	1.01	1.11	1.28
海　南	0.65	0.41	0.77	0.72	0.73	0.75	0.84
江　西	0.62	0.70	0.70	0.59	0.63	0.62	0.78
江　苏	0.58	0.52	0.59	0.65	0.63	0.60	0.64
安　徽	0.56	0.56	0.63	0.70	0.80	0.79	1.00
黑龙江	0.55	0.59	0.57	0.50	0.57	0.64	0.73
湖　北	0.55	0.67	0.71	0.67	0.68	0.59	0.66
西　藏	0.54	0.57	0.52	0.65	0.64	0.74	0.82
湖　南	0.50	0.58	0.60	0.62	0.63	0.69	0.73
山　东	0.49	0.56	0.61	0.59	0.56	0.57	0.69
河　南	0.48	0.39	0.49	0.52	0.51	0.53	0.67
全　国	0.73	0.69	0.73	0.81	0.84	0.89	0.95

注：全国非寿险基准深度比是将全国视为整体计算得出，不是各省（区、市）简单平均。

表 2 –17　　　　1998～2010 年中国各省（区、市）

非寿险基准深度比排名

年 份 省（区、市）	1998	2000	2002	2004	2006	2008	2010
云　南	1	1	3	4	3	2	1
宁　夏	2	10	12	3	2	3	4
青　海	3	3	7	15	17	19	19
甘　肃	4	4	4	9	11	10	8
北　京	5	2	2	1	1	4	3
新　疆	6	12	1	2	4	1	2
广　东	7	9	9	14	13	12	17
辽　宁	8	11	14	12	12	15	20
贵　州	9	7	6	7	6	6	6
山　西	10	13	13	8	9	8	7
内蒙古	11	20	25	28	30	23	25
陕　西	12	15	15	10	14	14	13
上　海	13	14	11	6	7	7	14
天　津	14	8	17	21	21	26	31
重　庆	15	5	8	11	8	9	12
吉　林	16	21	24	30	29	30	27
浙　江	17	22	10	13	10	11	10
广　西	18	16	18	17	19	22	22
河　北	19	29	29	20	23	20	11
福　建	20	19	21	16	15	16	16
四　川	21	6	5	5	5	5	5
海　南	22	30	16	18	18	17	15
江　西	23	17	20	26	26	25	21
江　苏	24	28	27	24	25	27	30
安　徽	25	27	22	19	16	13	9
黑龙江	26	23	28	31	27	24	24
湖　北	27	18	19	22	20	28	29
西　藏	28	25	30	23	22	18	18
湖　南	29	24	26	25	24	21	23
山　东	30	26	23	27	28	29	26
河　南	31	31	31	29	31	31	28

2. 三大区域的纵向比较

为了更清晰地观察东、中、西三大区域非寿险业发展水平的历史纵向变化，表2-18列出了1998~2010年东、中、西三大区域的非寿险基准深度比，图2-5将1998~2010年各区域非寿险基准深度比更直观地显示出来。

表2-18　　1998~2010年东、中、西三大区域非寿险基准深度比

年 份	东部地区	中部地区	西部地区	全 国
1998	0.77	0.57	0.89	0.65
1999	0.76	0.58	0.83	0.65
2000	0.70	0.58	0.85	0.70
2001	0.74	0.59	0.86	0.69
2002	0.78	0.62	0.90	0.74
2003	0.80	0.64	0.96	0.74
2004	0.81	0.62	0.92	0.82
2005	0.79	0.61	0.89	0.80
2006	0.79	0.64	0.89	0.83
2007	0.79	0.65	0.96	0.84
2008	0.78	0.65	0.94	0.85
2009	0.78	0.71	1.01	0.91
2010	0.84	0.77	1.07	0.95

注：表中数据均为将各地区或全国视为整体后计算得出。

从图2-5可以看出，在1998~2010年期间，东、中、西部的非寿险基准深度比波动较为平缓，相对稳定；而且，西部地区的非寿险基准深度比始终高于东部，东部又高于中部。因此，从可比意义的"相对于经济发展的非寿险业发展水平"（即"非寿险基准深度比"）的视角来看，中国非寿险业发展一直呈现"西、东、中依次递减"的态势。

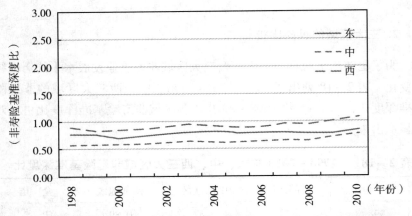

图 2 - 5　1998 ~ 2010 年东、中、西三大区域非寿险基准深度比比较

(三) 保险业

1. 各省 (区、市) 的纵向比较

表 2 - 19 列出了 1998 ~ 2010 年间中国各省 (区、市) 保险基准深度比的值, 表 2 - 20 显示了各省 (区、市) 保险基准深度比的排名情况。从表 2 - 20 可以看出, 与 1998 年相比, 2010 年各省 (区、市) 保险基准深度比排名发生了很大变化, 但近几年排名波动有所趋缓。

表 2 - 19　　1998 ~ 2010 年中国各省 (区、市) 保险基准深度比

省 (区、市) ＼ 年份	1998	2000	2002	2004	2006	2008	2010
北　京	1.88	1.51	2.58	2.08	2.18	2.03	2.59
上　海	1.37	1.29	1.91	1.66	1.60	1.56	1.74
云　南	1.14	1.16	1.38	1.37	1.34	1.59	1.75
广　东	1.11	0.96	1.20	1.14	1.11	1.38	1.44
天　津	1.07	0.96	1.52	1.19	1.08	1.09	0.86
甘　肃	1.06	1.04	1.56	1.49	1.39	1.66	1.88
新　疆	1.04	0.97	1.81	1.71	1.53	1.92	1.82

续表

省（区、市） 年份	1998	2000	2002	2004	2006	2008	2010
陕　西	1.03	0.94	1.57	1.47	1.42	1.69	1.70
贵　州	1.00	0.97	1.17	1.16	1.23	1.34	1.47
辽　宁	0.98	0.96	1.49	1.60	1.37	1.48	1.40
宁　夏	0.94	0.99	1.31	1.45	1.50	1.56	1.68
重　庆	0.92	0.99	1.32	1.39	1.46	2.05	2.02
浙　江	0.89	0.85	1.35	1.24	1.09	1.15	1.24
青　海	0.88	0.94	1.10	0.89	0.75	0.78	0.97
吉　林	0.87	0.85	1.20	1.21	1.12	1.22	1.30
内蒙古	0.83	0.79	0.97	0.99	0.78	0.87	0.82
山　西	0.83	0.88	1.69	1.62	1.61	1.97	2.04
福　建	0.76	0.76	1.17	1.23	1.14	1.24	1.27
江　苏	0.75	0.83	1.40	1.32	1.11	1.10	1.13
四　川	0.74	0.89	1.30	1.42	1.54	2.11	2.33
湖　北	0.74	0.96	1.21	1.19	1.13	1.40	1.50
广　西	0.73	0.86	1.09	1.09	0.92	0.99	1.03
江　西	0.69	0.80	1.09	1.29	1.15	1.39	1.36
安　徽	0.65	0.75	1.10	1.43	1.45	1.73	1.77
湖　南	0.64	0.75	1.18	1.15	1.07	1.48	1.40
河　南	0.60	0.63	1.19	1.32	1.10	1.48	1.75
黑龙江	0.59	0.74	1.31	1.47	1.35	1.53	1.63
山　东	0.54	0.73	1.17	1.11	0.90	1.00	1.13
海　南	0.54	0.57	0.94	0.99	0.89	1.04	1.13
河　北	0.54	0.63	1.03	1.31	1.14	1.48	1.76
西　藏	0.33	0.33	0.30	0.37	0.37	0.44	0.52
全　国	0.89	0.85	1.32	1.37	1.34	1.61	1.66

注：全国保险基准深度比是将全国视为整体计算得出，不是各省（区、市）简单平均。

表 2-20　　　　　1998～2010 年中国各省（区、市）

保险基准深度比排名

省（区、市）＼年份	1998	2000	2002	2004	2006	2008	2010
北　京	1	1	1	1	1	3	1
上　海	2	2	2	3	3	11	11
云　南	3	3	10	13	13	9	10
广　东	4	12	18	25	20	19	17
天　津	5	10	7	21	24	25	29
甘　肃	6	4	6	6	10	8	5
新　疆	7	7	3	2	5	5	6
陕　西	8	14	5	8	9	7	12
贵　州	9	8	23	23	14	20	16
辽　宁	10	11	8	5	11	14	19
宁　夏	11	6	13	9	6	10	13
重　庆	12	5	12	12	7	2	4
浙　江	13	19	11	18	23	23	23
青　海	14	13	25	30	30	30	28
吉　林	15	18	17	20	19	22	21
内蒙古	16	22	29	29	29	29	30
山　西	17	16	4	4	2	4	3
福　建	18	23	21	19	16	21	22
江　苏	19	20	9	15	21	24	24
四　川	20	15	15	11	4	1	2
湖　北	21	9	16	22	18	17	15
广　西	22	17	27	27	26	28	27
江　西	23	21	26	17	15	18	20
安　徽	24	25	24	10	8	6	7
湖　南	25	24	20	24	25	13	18
河　南	26	28	19	14	22	16	9
黑龙江	27	26	14	7	12	12	14
山　东	28	27	22	26	27	27	25
海　南	29	30	30	28	28	26	26
河　北	30	29	28	16	17	15	8
西　藏	31	31	31	31	31	31	31

2. 三大区域的纵向比较

为了更清晰地观察东、中、西三大区域保险业发展水平的历史纵向变化，表2-21列出了1998~2010年东、中、西三大区域的保险基准深度比，图2-6将1998~2010年区域保险基准深度比更直观地显示出来。

表2-21 1998~2010年东、中、西三大区域保险基准深度比

年 份	东部地区	中部地区	西部地区	全 国
1998	0.93	0.68	0.90	0.78
1999	0.96	0.75	0.92	0.81
2000	0.92	0.78	0.94	0.84
2001	1.14	0.87	1.05	1.00
2002	1.44	1.23	1.32	1.30
2003	1.50	1.42	1.45	1.44
2004	1.36	1.33	1.33	1.36
2005	1.33	1.23	1.27	1.33
2006	1.23	1.22	1.29	1.30
2007	1.24	1.24	1.34	1.32
2008	1.33	1.52	1.58	1.53
2009	1.33	1.52	1.57	1.60
2010	1.43	1.60	1.66	1.66

注：表中数据均为将各地区或全国视为整体后计算得出。

从图2-6可以看出：第一，在1998~2010年期间，东、中、西部的保险基准深度比呈现前期明显上升、后期较为平稳的态势；第二，东、中、西部的保险基准深度比呈现大致相同的波动趋势；第三，自2003年以来，东、中、西部的保险基准深度比十分接近，近三年来东部地区的保险基准深度比略微落后于中部和西部。因此，从可比意义的"相对于经济发展的保险业发展水平"（即"保险基准深度比"）的视角来看，中国保险业在三大区域间的发展程度较为均衡，近三年来开始呈现出"中、西相当，东部稍逊"的趋势。

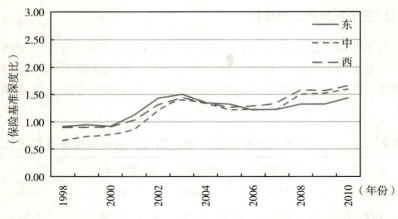

图 2 - 6　1998～2010 年东、中、西三大区域保险基准深度比比较

五、新解释和新启示

传统观点认为，中国保险业区域发展存在明显的东、中、西不平衡特征，而且东部优于中部，中部优于西部。而上文分析表明，以可比意义的"相对于经济发展的保险业发展水平"来衡量，中国保险业在东、中、西三大区域间的发展程度实际上呈现另外一番景象：近年来，中国寿险业发展呈现出"中、西、东依次递减"的趋势；非寿险业发展呈现"西、东、中依次递减"的态势；将寿险业与非寿险业综合起来，保险业总体发展呈现出"中、西相当，东部稍逊"的趋势。在这一新判断的基础上，可以得出有关中国保险业区域发展的若干新解释和新启示，以便为未来一个阶段的相关政策的制定，提供一定的参考。

（一）新解释

在关于中国保险市场"区域群聚"现象的问题上，笔者可以提供一个新的解释。这里的"区域群聚"现象主要是指在东部地区的北京、上海、广东、江苏、山东、浙江等保费收入较高的省市，保险公司以及保险中介愿意"扎堆"开设经营机构的现象。北京和上海较为特殊，是两个直辖市，而且分别是国家首都和金融中心，暂且不谈。在此，主要讨论广东、江苏、山东、浙江等省的市场群聚现象。这些省的保费收入和保险密度已经很大，保险市场竞争已经相对激烈，为何保险机构还是愿意在这些地区开设机构？

传统观点认为，相似的经营机构（比如保险公司）集中在一起，可以产生"市场共享效应"。比如，市场先入者开发市场，后入者有动力加入，因为可以节省前期市场启蒙开发等成本；再如，市场后入者的市场开发行为，可能激发市场潜力，使先入者和整个市场一起受益，从而达成多赢的"市场共享"效果。

一方面有关"市场共享效应"的解释是可以接受的，但另一方面试图提供一个也许更具说服力的新解释，即"非饱和市场"的解释。在这些相对发达的省区，虽然保费收入和保险密度已经很大，但它们的保险基准深度比在全国的排名却相对靠后。比如2010年广东的保险基准深度比在全国排名第17位，浙江排名第23位，江苏排名第24位，山东排名第25位。这意味着，以可比意义的"相对于经济发展的保险业发展水平"来衡量，这些地区的保险业发展程度实际相对较低。换言之，相对而言这些地区的保险市场实际上远未饱和，尚具有很大的发展潜力和空间。因此，在这些市场竞争激烈的地区，保险公司"扎堆"开设经营机构，是完全可以理解的。笔者认为，这一"非饱和市场"的解释是对中国保险市场"区域群聚"现象的一种更具证据、更为合理的解释。

（二）新启示

在关于未来保险业区域产业政策与保险公司区域布局的问题上，可以得出一些新的启示。传统观点认为，由于中西部地区的保险业发展程度落后于东部，所以在相关产业政策导向上，应明显向中西部倾斜，且保险公司的区域布局应优先考虑中西部地区。然而，由于以可比意义的"相对于经济发展的保险业发展水平"来衡量，中国保险业在三大区域间的发展程度较为均衡[①]，而且近年来

---

① 当然，每个区域内都存在发展程度相对较高和较低（即发展潜力空间相对较小和较大）的省（区、市），而且，如果将寿险业和非寿险业进行细分，还存在一些区别，具体可参见前文分析。

开始呈现出"中、西相当、东部稍逊"的趋势。换言之，如果说近年来中国保险业出现一些区域发展不均衡的趋势，那么这个不均衡的主要表现不是中西部落后，而是东部地区"相对落后"了，即相对于东部的经济发展，东部地区的保险业发展落后了。由此可以得出如下相关启示。

● 对于保险公司

第一，区域布局不应是简单地优先考虑中西部地区，应当重视而不是放弃东部市场，因为东部市场明显仍具有很大的发展潜力和空间。

第二，在东部地区应当实施差异化的市场竞争策略，既然东部市场还有很大的发展潜力，那么如何将这些潜在市场转化为现实市场就是一个关键问题，避免同质产品的价格战，针对市场细分需求开发差异化产品、提供差异化服务，应是一条可行之道。

● 对于政府监管机构

第一，保险业区域政策导向不应是简单地向中西部倾斜，东部地区同样值得重视，而且近些年更值得重视。因为东部地区保险业的真实发展水平不仅没有表面上显示得那么高，而且还相对落后了。

第二，应当高度重视东部地区的市场恶性竞争问题。之所以说是"恶性竞争"，至少有两方面的理由：一方面，从国内市场看，对于同样的保险标的和风险状况，某些东部市场的保险费率水平只有中西部市场的几分之一、几十分之一甚至百分之一；另一方面，从国际市场看，按照如此低廉的费率水平承保的保险业务，在国际市场上根本无法分保出去，从而使风险大量集聚在国内，不利于中国保险业的健康发展。

第三，应当大力加强保险偿付能力监管，特别是加强制度的执行力。作为监管机构，面对市场恶性竞争，不应是简单地设定一条价格下限或出台一个打折禁令，而是应当抓住保险监管的核心——偿付能力监管，对于偿付能力不足的保险公司（包括偿付能力充足率低于100%，以及虽然偿付能力充足率高于100%但被认定存在重大风险的保险公司），应当严格按照《保险法》、《保险公司管理规定》、《保险公司偿付能力管理规定》等相关法规采取相应监管措施，从而一方面规范和改善市场竞争秩序，另一方面从根本上保障保险消费者的利益。

六、主要结论

本章在梳理有关衡量中国保险业区域发展程度的传统比较方法及其局限的基础上，提出了"保险基准深度比"这一新方法，在新的方法体系下，对有关中国寿险业、非寿险业以及保险业的区域发展的传统判断进行重新审视，提出了一组新的判断，并在此基础上提出了有关中国保险业区域发展的新解释和新启示。

本章的主要结论是：第一，以可比意义的"相对于经济发展的保险业发展水平"来衡量，中国保险业在东、中、西三大区域间的发展程度实际上是较为均衡的；如果说近年来出现不均衡，则主要表现为东部地区相对落后，即相对于东部的经济发展，东部地区的保险业发展落后了。第二，对于中国保险市场的区域群聚现象，"非饱和市场"是一种更具证据、更为合理的解释。第三，对于保险公司，区域布局不应是简单地优先考虑中西部地区；在东部地区应当实施差异化的市场竞争策略。第四，对于政府监管机构，保险业区域政策导向不应是简单地向中西部倾斜；应当高度重视东部地区的市场恶性竞争问题；大力加强保险偿付能力监管。

本章参考文献

1. 《国务院关于保险业改革发展的若干意见》，2006 年。

2. 黄薇：《保险业发展的地区差异值得重视》，载于《财经科学》，2006 年第 3 期。

3. 刘京生：《论区域经济与区域保险》，载于《保险研究》，2002 年第 6 期。

4. 肖志光：《论我国保险市场区域均衡发展——基于保险需求的理论与实证》，载于《金融研究》，2007 年第 6 期。

5. 徐哲、冯喆：《中国保险市场区域发展不均衡性分析》，载于《北京航空航天大学学报》（社会科学版），2005 年第 9 期。

6. 张伟、郭金龙、张许颖、邱长溶：《中国保险业发展的影响因素及地区差异分析》，载于《数量经济与技术经济研究》，2005 年第 7 期。

7. 郑伟、刘永东：《中国保险业区域发展比较研究——基于"保险基准深度比"的分析》，载于《经济科学》，2008 年第 5 期。

8. 朱俊生、王白宇、李芸、周蕾、胡永红、杨尊毅：《我国保险业空间布局研究》，载于《保险研究》，2005 年第 7 期。

9. 祝向军：《我国省级区域保险业发展评价：基于保险业绩指数的分析》，载于《上海保险》，2007 年第 1 期。

10. Carter, R. L. and Dickinson, G. M., 1992, *Obstacles to the Liberalisation of Trade in Insurance*, London：Harvester Wheatsheaf, 175 – 188.

11. Enz, Rudolf, 2000, "The S-Curve Relation Between Per-Capita Income and Insurance Penetration", *Geneva Papers on Risk and Insurance*, Vol. 25, No. 3, 396 – 406.

第3章

中国保险业增长
潜力分析

一、引言

　　中国保险业中长期增长潜力究竟有多大？这是一个争议很大的问题。一方面，国内外已有的许多研究认为中国保险业增长潜力十分巨大，许多国际保险金融机构也是基于这样的研判进入或等待进入中国保险市场；然而另一方面，近几年来中国保险业增长速度明显放缓，许多国内外保险机构明显意识到中国保险市场竞争的激烈，甚至认为有些地区已出现市场饱和端倪。正是这样一个"矛盾悖论"现象，引起笔者极大的研究兴趣，并确定在这样一个大的现实背景下，对中国保险业增长潜力问题进行较为系统的研究，量化分析中国保险业中长期（2011～2020年）增长潜力。

　　在讨论中国保险业增长潜力问题时，"世界平均法"被广泛使用。例如，通常将中国保险业直接与世界平均保险深度水平进行比较，得出关于中国保险业增长潜力规模的预测。①这种分析具有一定的合理性，但是也存在严重缺陷，它过于简化，忽视了不同国家由于处于不同经济

---

　　① 比如，2009年世界平均保险深度为7.01%，按照这一世界平均保险深度水平，考虑中国当年GDP为340 507亿元，所以2009年中国保险业保费规模应该为23 870亿元，而实际上2008年中国保险业保费规模仅为11 137亿元，所以得出中国保险业至少还有53%的增长潜力空间的结论。

发展阶段而往往具有不同保险深度这一特点。我们知道，反映一国经济发展阶段的重要变量或者说决定一国保险深度的重要因素，不是该国的GDP总量，而是人均GDP水平。近年来，虽然中国GDP总量位居世界前列，但是中国人均GDP水平仍然排在世界100名左右。因此，在2011～2020年，对应于中国远远低于世界平均水平的人均GDP，中国保险深度也将大大低于世界平均水平。如果按照传统的"世界平均法"进行分析，必然会大大高估中国保险业增长潜力的规模，从而使政策制定出现偏差。

本章研究的创新之处和意义主要有三点：第一，利用"基于世界保险业增长规律曲线"这一新思路，对中国保险业中长期增长潜力进行测算和分析。第二，在世界保险业增长规律曲线基础上，构建"保险基准深度比"这一新指标，该指标衡量一国（或地区）保险业的相对增长水平，包含了该国国民经济和保险业发展的国别特殊性的大量信息，对于测算一国保险业中长期增长潜力具有重要意义。第三，在"十五"和"十一五"期间，中国保险业经历了一个大起大落的阶段，人们对未来中国保险业增长前景的判断，普遍是迷茫的和不确定的。本章关于2011～2020年中国保险业增长潜力的研究，将为当前相关产业政策制定提供一个有益的理论参考。

二、基本思路和分析框架

本部分将在世界保险业"普通增长模型"的基础上，根据中国国民经济和保险业发展的具体现实，对中国GDP、保险基准深度比、价格指数和货币汇率等相关变量做出假设，预测出2011～2020年间的中国保险基准深度比，并借此指标，具体测算出中国保险业中长期增长潜力。考虑到汇率和购买力平价对于美元与人民币计价转换的不同影响，将分别使用市场汇率法和购买力平价法进行测算，然后在两套方法的基础上做出综合判断。

具体思路可以分为以下几步。第一步，使用历史数据估计"世界保险业增长规律曲线"[1]。第二步,在"世界保险业增长规律曲线"基础上,计算中国保险基准深度比的历史数据。第三步,对中国中长期GDP、价格指数和货币汇率等相关变量做出一定假设。第四步,使用保险基准深度比的历史数据预测中国 2011~2020 年保险基准深度比。第五步,结合第三步的假设,并依据预测的中国中长期保险基准深度比,在市场汇率法下,测算中国保险业中长期增长潜力。第六步,在购买力平价法下,重复上述测算,并据此修订市场汇率法下的测算结果,对中国保险业中长期增长潜力进行综合预估。

三、相关变量假设

要对 2011~2020 年中国保险业增长进行测算,必须先对该期间中国相关经济变量做出合理假设。与本章分析直接相关的经济变量包括:GDP、保险基准深度比(包括寿险基准深度比和非寿险基准深度比)、汇率和价格指数等。

(一) GDP

关于 2011~2020 年中国 GDP 增长的预测,虽然众说纷纭,但许多研究还是取得了较为一致的测算结论。刘伟(2006)认为,如果没有极为特殊的国际国内不可控制的社会政治、经济、文化、军事、自然意外发生,从经济增长的可能性来说,预计中国经济增长率 2011~2020年平均为 7%~8%。邱晓华等(2006)采用三种不同的方法测算了2006~2020 年中国经济的潜在增长速度,认为应将 7%~9% 定位为该

---

① 世界保险业增长模型的表达式设定为:$Y = 1/(C_1 + C_2 \cdot C_3^X) + \varepsilon$。式中,$Y$ 为保险深度,X 为人均 GDP,C_1、C_2 和 C_3 分别为模型的三个参数,ε 为残差项。需要说明的是,在本书使用的样本数据中,寿险和非寿险的区分采用欧盟(EU)和经济合作与发展组织(OECD)标准惯例,将健康保险和意外伤害保险划入非寿险业务范围。寿险业的观测样本量为 2 291个,非寿险业的观测样本量为 2 310 个,保险业的观测样本量为 2 262 个。数据来源:各国GDP、人口数、人均 GDP 等数据来自联合国"National Accounts Main Aggregates"数据库,各国总保费收入、寿险保费收入、非寿险保费收入、总保险深度、寿险深度、非寿险深度等数据来自瑞士再"Sigma"世界保费数据库。人均 GDP 数据按照 1990 年可比价格以美元计价,保险深度数据是相对值(保费/GDP),不涉及价格调整问题。

段时间中国经济增长的适度区间。党的十七大报告提出"实现人均国内生产总值到 2020 年比 2000 年翻两番",以此推算,2000～2020 年间的 GDP 年均增速需达到 8%。考虑到该目标是 2007 年提出,2000～2006 年间的 GDP 增速均超过 8%,因此 2007～2020 年间的 GDP 增速达到 7.7% 即可实现十七大提出的目标。

结合上述资料,本章对 2011～2020 年期间中国 GDP 增长假设三种情形:一是保守情形,GDP 年均增长 6%;二是中间情形,GDP 年均增长 8%;三是乐观情形,GDP 年均增长 10%。在保守情形下,2020 年 GDP 总量为 104 137 亿美元,人均 GDP 为 7 182 美元①;在中间情形下,2020 年 GDP 总量为 126 006 亿美元,人均 GDP 为 8 690 美元;在乐观情形下,2020 年 GDP 总量为 152 467 亿美元,人均 GDP 为 10 515 美元。以上数据均基于 2010 年的可比价格。

(二)保险基准深度比

中国保险基准深度比可以分解为寿险基准深度比和非寿险基准深度比进行分析。从图 3－1 可以看出,1980～2010 年中国寿险和非寿险基准深度比的变化情况,即总体呈上升趋势,但上升速度逐渐趋缓。

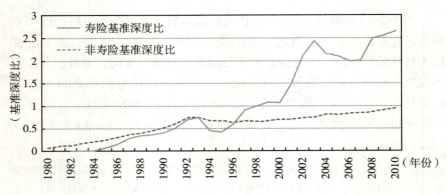

图 3－1 1980～2010 年中国寿险与非寿险基准深度比

① 根据国家人口和计划生育委员会的预测,2020 年中国人口数为 14.5 亿。数据来源:《全国"十一五"人口和计划生育事业发展规划》,国家人口和计划生育委员会,2006 年 12 月。

根据 1980～2010 年中国保险基准深度比的变化趋势，同时结合目前中国保险业的发展现状，构建了如下的两期滞后变量模型，对中国寿险和非寿险基准深度比的变化情况进行历史描述和未来预测[①]：

$$BRIP_t = \alpha_0 + \alpha_1 \ln YEAR + \alpha_2 BRIP_{t-1} + \alpha_3 BRIP_{t-2} + \varepsilon_t$$

式中，$BRIP$ 为保险基准深度比，$YEAR$ 为年度[②]，ε 为随机误差项，α_0、α_1、α_2 和 α_3 为模型的参数。

表 3 - 1 列出了关于中国寿险和非寿险基准深度比的估计结果。根据这一估计结果，我们可以对 2020 年中国保险基准深度比作一个测算，测算结果为：2020 年中国寿险基准深度比为 2.86，非寿险基准深度比为 0.99。

表 3 - 1　　中国寿险和非寿险基准深度比模型估计结果

	寿险业	非寿险业
α_0	- 0.5342	- 0.1012
α_1	0.2806	0.1146
α_2	1.1782	1.0356
α_3	- 0.3490	- 0.3601
R^2	0.9563	0.9684
调整 R^2	0.9507	0.9642
样本量	27	27
2020 年基准深度比预测值	2.86	0.99

---

① 在滞后期数的选择上主要使用 AIC 判别法，同时结合中国保险业发展现实作辅助选择。使用 AIC 判别法的理由参见 Liew（2004）。该研究认为，在小样本情形下，AIC 判别法和 FPE 判别法比其他方法更适用于模型滞后期数的选择。

② 此处对 $YEAR$ 的取值和回归数据时间范围作一个说明。先看 $YEAR$ 的取值，因为中国保险业从 1980 年开始恢复，所以我们设 1980 年 $YEAR$ 取 1，1981 年 $YEAR$ 取 2，1982 年 $YEAR$ 取 3，依此类推，2010 年 $YEAR$ 取 31。再看回归数据的时间范围，中国非寿险业从 1980 年开始恢复，寿险业从 1982 年开始恢复，我们将回归数据的时间范围统一限为 1982～2010 年。之所以这样处理，一方面是考虑寿险和非寿险数据的时间范围的统一问题，另一方面更重要的是考虑统计数据内涵一致的问题。根据中国现行的统计口径，寿险业包括人寿保险、健康保险和意外伤害保险，而在本章所使用的国际可比数据中，健康保险和意外伤害保险是划归非寿险业的，因此中国非寿险保费数据在 1982 年之后包含了健康保险和意外伤害保险，而在 1982 年之前由于中国未恢复寿险业，所以不包含健康保险和意外伤害保险。也就是说，中国非寿险保费数据在 1982 年前后存在断层。基于这一原因，将回归数据的时间范围限为 1982～2010 年，即在这一回归模型中，$YEAR$ 的实际取值范围为 3～31，共 29 个观测样本。

（三）价格指数

在价格指数方面，研究中做了如下处理：第一，对于 1980～2010 年期间的历史数据，所使用的或者是直接的可比价格数据（如 1990 年可比价格数据），或者是经过价格指数调整后的可比价格数据。[①]第二，对于 2011～2020 年期间的预测数据，由于研究重视的是"实际值"而不是"名义值"，所以使用的是 2010 年的可比价格，这样便于测算中国保险业中长期实际年均增长率，而不是名义增长率。

（四）货币汇率

在货币汇率方面，研究中使用两套处理方法：第一是"市场汇率法"，第二是"购买力平价法"。

在市场汇率法下，2010 年的换算汇率使用年度市场平均汇率即 1 美元等于 6.77 元人民币，2011～2020 年期间的换算汇率沿用 2010 年的换算汇率即 1 美元等于 6.77 元人民币。这样的简化处理对于本章研究结论没有实质影响：一是因为本章研究所涉及的关键数据均为相对数据，而非绝对数据；二是因为本章关注的是，相对于 2010 年基期的情况，2011～2020 年期间中国保险业增长趋势如何，所以，这样的简化处理便于剔除汇率波动的干扰影响，有利于揭示中国保险业中长期增长的本质趋势。

在本章第四部分第一小节中，各国按美元计价的 GDP 数据在货币汇率换算上使用"市场汇率法"，应该说，市场汇率法尊重了国际市场货币汇兑价格的现实，是对真实世界的一种合理反映。但是有研究（如温建东等，2005）认为，按照市场汇率法，人民币对美元的汇率会被低估，也就是说，市场汇率法会使中国实际的人均 GDP 被低估，会使中国实际的经济发展阶段被低估。这种可能的低估对于本章研究结论的潜在影响是：市场汇率法下的中国保险业增长潜力可能被低估了。

[①] 可比价格数据和价格指数数据来源于联合国"National Accounts Main Aggregates"数据库和国家统计局正式公布的数据。

基于这样一种认识，本章第四部分第二小节将使用一套"购买力平价法"下的各国 GDP 数据，对 2011～2020 年间中国寿险业、非寿险业和保险业总体的增长潜力进行测算，然后将其与市场汇率法之下的情形进行比较，并计算两者的平均值，以此为判断 2011～2020 年中国保险业增长潜力提供一个更全面的基础。

四、增长潜力测算

（一）基于"市场汇率法"的普通测算

本部分基于"市场汇率法"，在本书第 1 章"世界保险业增长模型"和本章第三部分"相关变量假设"的基础上，对 2011～2020 年期间中国保险业增长潜力进行具体测算分析。首先分析寿险业，然后分析非寿险业，最后分析保险业总体。

1. 2011～2020 年中国寿险业增长测算

按照以上思路，测算分析了 2011～2020 年期间中国寿险业的增长潜力，表 3－2 列出了测算结果。此处对测算过程进行简要说明。第（1）行和第（2）行分别是 GDP 总量和人均 GDP。第（3）行是理论寿险深度，根据上文建立的世界寿险业增长模型测算。第（4）行是测算寿险深度，根据"（3）理论寿险深度"乘以上文表 3－1 测算的"寿险基准深度比"得出。第（5）行是测算可比寿险保费，根据"（1）GDP 总量"乘以"（4）测算寿险深度"得出。第（6）行是 2011～2020 年期间中国寿险保费的年均增长率，根据第（5）行 2010 年实际寿险保费和 2020 年测算寿险保费计算得出。

2. 2011～2020 年中国非寿险业增长测算

与上述寿险业增长分析类似，测算分析了 2011～2020 年期间中国非寿险业的增长潜力，表 3－3 列出了测算结果。

表 3 – 2　　　　基于市场汇率法的寿险保费增长测算
（2011～2020 年）

行号	项　目	2010 年	2020 年		
			保守情形 （GDP 年增6%）	中间情形 （GDP 年增8%）	乐观情形 （GDP 年增10%）
（1）	GDP 总量（亿美元，2010 年价格）	58 783	105 271	126 907	152 467
（2）	人均 GDP（美元，2010 年价格）	4 383	7 260	8 752	10 515
（3）	理论寿险深度(%)	0.92	1.07	1.15	1.25
（4）	测算寿险深度(%)	2.43	3.05	3.29	3.59
（5）	测算可比寿险保费（亿元，2010 年价格）	9 680	21 769	28 286	37 031
（6）	2011～2020 年寿险保费实际年均增长率	—	8.4%	11.3%	14.4%

注：2010 年数据为实际值，2020 年数据为测算值。汇率按 1 美元 = 6.77 元人民币计算。表中数据有四舍五入差异。

资料来源：联合国"National Accounts Main Aggregates"数据库，国家统计局官方网站，中国保监会官方网站，瑞士再世界保费数据库，作者计算。

表 3 – 3　　　基于市场汇率法的非寿险保费增长测算
（2011～2020 年）

行号	项　目	2010 年	2020 年		
			保守情形 （GDP 年增6%）	中间情形 （GDP 年增8%）	乐观情形 （GDP 年增10%）
（1）	GDP 总量（亿美元，2010 年价格）	58 783	105 271	126 907	152 467
（2）	人均 GDP（美元，2010 年价格）	4 383	7 260	8 752	10 515
（3）	理论非寿险深度（%）	1.28	1.50	1.62	1.75
（4）	测算非寿险深度（%）	1.21	1.49	1.60	1.74

续表

行号	项　目	2010 年	2020 年		
			保守情形 （GDP 年增 6%）	中间情形 （GDP 年增 8%）	乐观情形 （GDP 年增 10%）
（5）	测算可比非寿险保费 （亿元, 2010 年价格）	4 806.5	10 618	13 785	17 916
（6）	2011～2020 年非寿险 保费实际年均增长率	—	8.2%	11.1%	14.1%

注：2010 年数据为实际值，2020 年数据为测算值。汇率按 1 美元 = 6.77 元人民币计算。表中数据有四舍五入差异。

资料来源：联合国 "National Accounts Main Aggregates" 数据库，国家统计局官方网站，中国保监会官方网站，瑞士再世界保费数据库，作者计算。

3. 2011～2020 年中国保险业总体增长测算

在以上中国寿险业和非寿险业增长分析的基础上，测算分析了 2011～2020 年期间中国保险业总体的增长潜力，表 3–4 列出了测算结果。

表 3–4　　　基于市场汇率法的总保费增长测算
（2011～2020 年）

项　目	保守情形 （GDP 年增 6%）			中间情形 （GDP 年增 8%）			乐观情形 （GDP 年增 10%）		
	寿险	非寿险	总保费	寿险	非寿险	总保费	寿险	非寿险	总保费
2010 年保费 （亿元）	9 679	4 806	14 485	9 679	4 806	14 485	9 679	9 679	14 485
测算 2020 年可比保费（亿元, 2010 年价格）	21 769	10 618	32 387	28 286	13 785	42 071	37 031	17 916	54 947
2011～2020 年保费年均增长率(%)	8.4	8.2	8.4	11.3	11.1	11.3	14.4	14.1	14.3

从表 3 - 4 测算结果可以看出，在 2011 ~ 2020 年期间，在 GDP 年增 6% 的情形中，中国寿险业、非寿险业和保险业总体的年均保费增长率分别为 8.4%、8.2% 和 8.4%；在 GDP 年增 8% 的情形中，中国寿险业、非寿险业和保险业总体的年均保费增长率分别为 11.3%、11.1% 和 11.3%；在 GDP 年增 10% 的情形中，中国寿险业、非寿险业和保险业总体的年均保费增长率分别为 14.4%、14.1% 和 14.3%。

（二）考虑"购买力平价"的修正测算

为了修正"市场汇率法"可能造成的对中国经济发展阶段、进而对中国保险业中长期增长潜力的低估，本部分使用一套"购买力平价法"下的各国 GDP 数据，①依据本章第二至第四部分的分析框架，测算 2011 ~ 2020 年间中国寿险业、非寿险业和保险业总体的增长率，然后将其与市场汇率法之下的情形进行比较，并计算两者的平均值，以此作为判断 2011 ~ 2020 年中国保险业增长潜力的一个更全面的基础。具体计算结果如表 3 - 5 所示。

表 3 - 5   基于市场汇率法和购买力平价法的中国保险业
年均增长率 （2011 ~ 2020 年）

	保守情形（GDP 年增 6%）			中间情形（GDP 年增 8%）			乐观情形（GDP 年增 10%）		
	寿险（%）	非寿险（%）	总体（%）	寿险（%）	非寿险（%）	总体（%）	寿险（%）	非寿险（%）	总体（%）
市场汇率法	8.4	8.2	8.4	11.3	11.1	11.3	14.4	14.1	14.3
购买力平价法	10.7	5.2	9.1	16.5	9.6	14.6	21.1	12.9	18.9
两者平均	9.6	6.7	8.8	13.9	10.4	12.9	17.7	13.5	16.6

从表 3 - 5 可以看出，与基于市场汇率法的测算结果相比，购买力平价法下的中国寿险业增长率明显上升，非寿险增长率有所下降，保险业总体的增长率略有上升。那么，究竟应该如何判断 2011 ~ 2020 年中

---

① 数据来源：美国宾夕法尼亚大学世界表（Penn World Table）。

国保险业的增长潜力——一方面，由于汇率管制等原因，市场汇率法会使中国实际的人均 GDP 被低估；另一方面，由于没有区分商品中的可贸易品和非贸易品等原因，购买力平价法会使中国实际的人均 GDP 被高估；折中的，市场汇率法和购买力平价法两者的平均，应是一个较为合理的估计。因此做出判断：虽然"市场汇率法"测算的中国保险业增长潜力区间和"购买力平价法"测算的中国保险业增长潜力区间均为可能的浮动区间，但是"市场汇率法"和"购买力平价法"两者平均测算的中国保险业增长潜力区间为更有可能的浮动区间。

具体而言，如表 3-6 所示，在 2011~2020 年期间，在 GDP 年均增长 6%~10% 的假设下，中国寿险业年均增长率较为可能的浮动区间为 8.4%~21.1%，其中更为可能的浮动区间为 9.6%~17.7%；中国非寿险业年均增长率较为可能的浮动区间为 5.2%~14.1%，其中更为可能的浮动区间为 6.7%~13.5%；中国保险业总体年均增长率较为可能的浮动区间为 8.4%~18.9%，其中更为可能的浮动区间为 8.8%~16.6%。

表 3-6　　　　　中国保险业年均增长率浮动区间
（2011~2020 年）

	较为可能的浮动区间	更为可能的浮动区间
寿险业	8.4%~21.1%	9.6%~17.7%
非寿险业	5.2%~14.1%	6.7%~13.5%
保险业总体	8.4%~18.9%	8.8%~16.6%

用更直观的方式表述，与同期 GDP 每年 6%~10% 的预期增长速度相比，在 2011~2020 年期间，中国保险业保持一个比同期 GDP 高 2~4 个百分点的增长速度比较容易，保持高 4~6 个百分点的增长速度也很有可能，但要保持高 6~9 个百分点的增长速度则比较困难，而要保持高 9 个百分点以上的增长速度更为困难。

接下来，根据以上分析，可以对 2011~2020 年中国保险业增长做出更为具体的测算。在测算时间上，选取 2010 年、2015 年和 2020 年三个年份，这三个年份正好是我国"十一五"、"十二五"和"十三五"规划的末期；在测算对象上，选取保费、保险密度和保险深度三个常用指标。具体测算结果如表 3-7 所示。

表 3 - 7　　　　中国保险业增长测算（2011~2020 年）

		保守情形（GDP 年增长 6%）			中间情形（GDP 年增长 8%）			乐观情形（GDP 年增长 10%）		
		寿险	非寿险	总保费	寿险	非寿险	总保费	寿险	非寿险	总保费
年均增长率(%)		9.6	6.7	8.8	13.9	10.4	12.9	17.7	13.5	16.6
2010 年	保费（亿元）	9 679	4 806	14 485	9 679	4 806	14 485	9 679	4 806	14 485
	密度（亿元）	722	358	1 080	722	358	1 080	722	358	1 080
	深度（%）	2.4	1.2	3.6	2.4	1.2	3.6	2.4	1.2	3.6
2015 年	保费（亿元）	16 744	7 107	23 852	21 142	8 679	29 821	25 788	10 270	36 058
	密度（亿元）	1 201	510	1 710	1 516	622	2 139	1 849	736	2 586
	深度（%）	3.1	1.3	4.5	3.6	1.5	5.1	4.0	1.6	5.6
2020 年	保费（亿元）	26 439	9 846	36 285	40 542	14 203	54 745	58 358	19 334	77 692
	密度（亿元）	1 823	679	2 502	2 796	980	3 776	4 025	1 333	5 358
	深度（%）	3.7	1.4	5.1	4.7	1.7	6.4	5.7	1.9	7.5

　　注：各年数据均为 2011 年可比价格数据；非寿险包含了健康保险和意外伤害保险；"年均增长率"采用市场汇率法与购买力平价法两者平均的测算结果；保险密度 = 保费/人口数，保险深度 = 保费/GDP；人口数采用国家计生委预测的 2020 年人口数。

　　资料来源：国家统计局官方网站，国家计生委官方网站，上文计算结果，作者计算。

（三）2020 年中国保险市场规模

　　在表 3 - 7 显示的"中间情形"的测算结果中，2011~2020 年中国保险业的平均年增长率为 12.9%。2015 年和 2020 年，中国的保费收入将分别是 2010 年的 2.1 倍和 3.9 倍,而保险深度将分别达到 5.1% 和 6.4%。

此外,图 3-2 显示了中国的保险深度在相应年份与世界增长曲线的相对关系。我们认为的中国收入分配是中国保险深度快速增长的一个重要经济解释。在大多数西方发达国家可以发现,不同的收入层次在潜在保险支付能力上存在显著的分化,而且这种差异随着收入不断增大。目前超过一半的中国人口为农村人口,这一部分群体收入较低而且保险购买力也较低。随着中国中高收入群体不断增加,收入分配差距改善,尤其是农民收入的提高,中国未来保险业可能会持续目前的快速增长。除此之外,中国政府也一直鼓励中国保险业的增长,例如,国有企业的保障往往选择购买保险而不是采用自保的方式,这与中国发展阶段类似的国家形成了鲜明的对比。在寿险业,政府显示出对个人保险较强的支持。此外,中国的社会保险程度仍不及相同发展阶段国家普及和深入,这些因素都推高了中国寿险业的发展水平。因此,中国的保险基准比应该远高于 1。模型中使用的数据已经暗含了这一潜在的趋势。

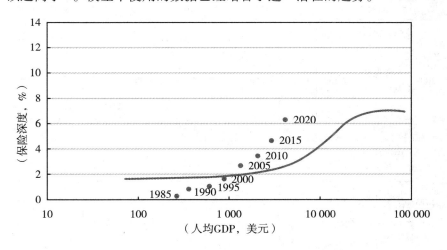

图 3-2　中国保险深度与世界增长曲线的关系

五、中国在世界保险市场中的地位

沿用上述的分析框架,并使用 Economist Intelligence Unit "Foresight 2020"、联合国 "World Population to 2300" 以及瑞士再保险 "Sigma

Premium Database" 的数据，估测世界寿险、非寿险和保险业在 2009 ~ 2020 年的年均增速，其分别是 5.5%、4.8% 和 5.2%。而同期中国保险的年均增速（12.9%）约为世界增速的 2.5 倍。表 3 - 8 显示了中国保险业较之于世界保险业的相对规模。

在表 3 - 8 的中间情形的测算中，2009 年、2015 年和 2020 年中国保险业在世界保险业中的占比分别是 4.0%、6.1% 和 8.7%。考虑 2009 年中国是世界第七大保险市场，特别是当人民币汇率形成机制的不断市场化，我们可以预期，2020 年中国在世界保险市场的排名将进一步提升，有可能成长为世界第三大保险市场。

表 3 - 8　　　　中国保险业与世界保险业相对规模预测

		保守情形（GDP 年增长 6%）			中间情形（GDP 年增长 8%）			乐观情形（GDP 年增长 10%）		
		寿险	非寿险	总保费	寿险	非寿险	总保费	寿险	非寿险	总保费
年均增长率(%)		9.6	6.7	8.8	13.9	10.4	12.9	17.7	13.5	16.6
2009	中国保费（10 亿美元）	109	54	163	109	54	163	109	54	163
	世界保费（10 亿美元）	2 332	1 735	4 066	2 332	1 735	4 066	2 332	1 735	4 066
	中国占比（%）	4.7	3.1	4.0	4.7	3.1	4.0	4.7	3.1	4.0
2015	中国保费（10 亿美元）	189	80	269	238	97	336	291	115	406
	世界保费（10 亿美元）	3 210	2 297	5 509	3 210	2 297	5 509	3 210	2 297	5 509
	中国占比（%）	5.9	3.5	4.9	7.4	4.2	6.1	9.1	5.0	7.4
2020	中国保费（10 亿美元）	298	110	409	457	159	617	658	217	875
	世界保费（10 亿美元）	4 190	2 903	7 095	4 190	2 903	7 095	4 190	2 903	7 095
	中国占比（%）	7.1	3.8	5.8	10.9	5.5	8.7	15.7	7.5	12.3

六、主要结论

本章基于市场汇率法和购买力平价法，参照"世界保险业增长规律曲线"，结合中国国民经济和保险业发展的具体现实，量化分析了2011～2020年间中国寿险业、非寿险业和保险业总体的中长期增长潜力。

本章的主要结论是：在2011～2020年期间，在GDP年均增长6%～10%的假设下，中国寿险业年均增长率较为可能的浮动区间为8.4%～21.1%，其中更为可能的浮动区间为9.6%～17.7%；中国非寿险业年均增长率较为可能的浮动区间为5.2%～14.1%，其中更为可能的浮动区间为6.7%～13.5%；中国保险业总体年均增长率较为可能的浮动区间为8.4%～18.9%，其中更为可能的浮动区间为8.8%～16.6%。

用更直观的方式表述，与同期GDP每年6%～10%的预期增长速度相比，在2011～2020年期间，中国保险业保持一个比同期GDP高2～4个百分点的增长速度比较容易，保持高4～6个百分点的增长速度也很有可能，但保持高6～9个百分点的增长速度则比较困难，保持高9个百分点以上的增长速度更为困难。

在中间情形假设下，2011～2020年间中国保险业年均实际增长率为12.9%。预计2020年，中国保险业的保费收入将为2010年的3.9倍，保险深度将达到6.4%。

在2011～2020期间，中国保险业增速（12.9%）约为同期世界保险业增速（5.2%）的2.5倍。到2020年，中国保险业占世界保险业的份额将可能达到8.7%，这将有可能使中国从2009年的第七大保险市场成长为世界第三大保险市场。

最后，关于本章的分析做三点说明：第一，本章讨论的中国保险业的增长率是实际增长率，而不是名义增长率，换言之，它考虑的是可比价格，剔除了物价指数的影响。第二，健康保险和意外伤害保险属于"第三领域"业务，既可以统计在寿险业中，也可以统计在非寿险业中，本章根据基础数据情况将其包含在非寿险业中，使用本章分析结论时需注意统计口径一致的问题。第三，保险业增长与国民经济增长关系紧密，本章假设2011～2020年中国GDP年均增长6%～10%，如果

GDP 增长出现异常，那么本章关于中国保险业增长的分析结论也应做出相应调整。

本章参考文献

1. Carter, R. L. and Dickinson, G. M., 1992, *Obstacles to the Liberalisation of Trade in Insurance*, London: Harvester Wheatsheaf, 175 – 188.

2. Enz, Rudolf, 2000, "The S-Curve Relation Between Per-Capita Income and Insurance Penetration", *Geneva Papers on Risk and Insurance*, Vol. 25, No. 3, 396 – 406.

3. Liew, Venus Khim-Sen, 2004, "Which Lag Length Selection Criteria Should We Employ?" *Economics Bulletin*, Vol. 3, No. 33, 1 – 9.

4. Zheng, Wei, Yongdong Liu and Gerry Dickinson, 2008, "The Chinese Insurance Market: Estimating its Long-Term Growth and Size", *Geneva Papers on Risk and Insurance*, Vol. 33, No. 3, 489 – 506.

5. 胡锦涛：《高举中国特色社会主义伟大旗帜，为夺取全面建设小康社会新胜利而奋斗——在中国共产党第十七次全国代表大会上的报告》，人民出版社 2007 年版。

6. 刘伟：《经济发展和改革的历史性变化与增长方式的根本转变》，载于《经济研究》，2006 年第 1 期。

7. 邱晓华等：《中国经济增长动力及前景分析》，载于《经济研究》，2006 年第 5 期。

8. 温建东：《人民币购买力平价研究》，载于《金融研究》，2005 年第 4 期。

9. 郑伟、刘永东：《中国保险业中长期增长潜力分析》，载于《北京大学学报（哲学社会科学版）》，2007 年第 5 期。

第4章

中国保险监管改革

一、引 言

在市场经济中，保险业的政府监管是十分必要的。之所以必要，其核心原因不是因为保险业的发展需要政府的行政指导，而是因为保险市场与任何一个市场一样存在失灵现象。市场经济中的消费者是相对弱势的群体，他们的利益需要政府的保护。在这方面，中国的保险监管经历了一个理念更新的过程。

经济学理论告诉我们，保险监管机构作为政府部门，是社会公众的"代理人"。如果让每一个社会成员通过自身的力量对公司和市场进行监管，成本太高，亦不可行，所以保险监管机构理所应当代表公众监督保险公司，监督保险市场。而且，保险业还具有自身的行业特殊性，消费者通常是专业知识相对弱势的一方，容易被保险公司"误导"，这使得保险监管在保护消费者利益方面的职责更显重要。

本章将从中国保险监管的历史沿革、法律体系、基本框架、偿付能力监管的基本理念、保险监管的若干重要议题等方面展开讨论。

二、历史沿革

中国的保险监管是伴随着中国保险业的发展而发展起来的。自1979 年中国保险业恢复发展以来，中国的保险监管可以划分为三个阶段：第一阶段是 1998 年之前的初级监管阶段，第二阶段是 1998～2006 年的市场行为和偿付能力监管阶段，第三阶段是 2006 年之后的"三支柱"监管阶段。

（一）1998 年之前：初级监管

在 1998 年之前，中国的保险监管处于一个初级阶段。在这一阶段，中国没有独立的保险监管机构，保险监管的职责主要由中国人民银行来履行。在这一阶段，有三个事件值得记述：一是 1992 年，中国保险市场打开了对外开放的大门，以美国友邦上海分公司的成立为标志；二是 1995 年颁布了保险业的根本大法——《中华人民共和国保险法》；三是 1995 年颁布了中国第一张寿险业经验生命表——《中国人寿保险业经验生命表（1990～1993）》。这三个看似孤立的事件实际上为中国保险业的发展奠定了三个重要基础——开放、法治、科学的基础。

（二）1998～2006 年：市场行为监管与偿付能力监管并重

1998 年，作为中央政府专司保险业监管的机构，中国保监会成立。中国保监会成立以后，做了大量建章立制的基础性工作，保险监管的专业性大大增强。

在这一阶段，中国保监会提出了"市场行为监管与偿付能力监管并重"的监管目标模式。在 1998 年之前，保险监管的重点是市场准入和市场行为监管。1998 年之后开始强调"偿付能力监管"，提出要将偿付能力监管与市场行为监管置于同等重要的地位，并于 2003 年初步建立了中国的保险偿付能力监管体系。

此外，中国保监会在保险公司管理、保险中介管理、再保险、保险投资等方面制定颁布了一系列保险监管的部门规章，并于 1999 年建立了中国精算师资格考试制度。这些基础性工作，虽然不够完善，但十分重要，它标志着中国保险监管理念逐步与国际接轨，保险监管框架初步搭建成型。

（三）2006 年之后："三支柱"监管

2006 年，中国保监会正式确立了"三支柱"的保险监管框架——市场行为监管、偿付能力监管和公司治理监管。与原先的监管框架相比，增加了公司治理监管，这被认为有利于从源头上减少保险公司产生风险的可能性。2006 年出台的《关于规范保险公司治理结构的指导意见》，标志着市场行为监管、偿付能力监管和公司治理监管"三支柱"的保险监管框架初步形成。

除了"三支柱"之外，中国保监会还初步建立了风险防范的"五道防线"，它们是：以公司内控为基础，以偿付能力监管为核心，以现场检查为重要手段，以资金运用监管为关键环节，以保险保障基金为屏障。

这"三支柱"和"五道防线"构成了当前中国保险监管的主体结构，一个较为完整的保险监管框架基本形成。

三、保险监管法律体系

在中国，保险与保险监管法律体系主要包括法律、行政法规、部门规章、国际条约、司法解释等五个方面，形成了多层次的较为完整的法律体系。

（一）法律

在法律层面，最重要的保险法律是《中华人民共和国保险法》（以下简称《保险法》）。《保险法》于 1995 年 6 月 30 日经第八届全国人民代表大会常务委员会第十四次会议通过，自 1995 年 10 月 1 日起施行；2002 年 10 月 28 日，第九届全国人民代表大会常务委员会第三十次会议对《保险法》进行修正；2009 年 2 月 28 日，第十一届全国人民代表大会常务委员会第七次会议对《保险法》进行修订，新法自 2009 年 10 月 1 日起施行。《保险法》是调整保险关系的根本法，是保险法律体系的核心。

2009 年版《保险法》共设八章，内容包括：第一章"总则"，第二章"保险合同",第三章"保险公司",第四章"保险经营规则",第五章"保险代理人和保险经纪人",第六章"保险业监督管理",第七章"法律责任",第八章"附则"。

除了《保险法》之外,与保险关系较为密切的法律还有《中华人民共和国海商法》、《中华人民共和国合同法》、《中华人民共和国公司法》等。

(二) 行政法规

以调整保险关系为主要内容的行政法规主要有两部:一是《中华人民共和国外资保险公司管理条例》,二是《机动车交通事故责任强制保险条例》。

《外资保险公司管理条例》,于 2001 年 12 月 5 日经国务院第 49 次常务会议通过,自 2002 年 2 月 1 日起施行。该条例共七章,包括:总则、设立与登记、业务范围、监督管理、终止与清算、法律责任、附则。该条例的制定目的,是为了加强和完善对外资保险公司的监督管理。对外资保险公司的管理,该条例未作规定的,适用《保险法》和其他有关法律、行政法规和国家其他有关规定。香港特别行政区、澳门特别行政区和台湾地区的保险公司在中国内地设立和营业的保险公司,比照适用该条例。[①]

《机动车交通事故责任强制保险条例》,于 2006 年 3 月 1 日经国务院第 127 次常务会议通过,自 2006 年 7 月 1 日起施行。该条例共五章,包括:总则、投保、赔偿、罚则、附则。该条例的制定目的是为了保障机动车道路交通事故受害人依法得到赔偿,促进道路交通安全。

(三) 部门规章

在部门规章层面,与保险相关的规章主要指由中国保监会制定、有关保险业监督管理的规范性文件,它们均经中国保险监督管理委员会主

---

　① 　为配合《外资保险公司管理条例》的实施,中国保监会制定了《中华人民共和国外资保险公司管理条例实施细则》。该细则于 2004 年 3 月 15 日经中国保险监督管理委员会主席办公会审议通过,自 2004 年 6 月 15 日起施行。

席办公会审议通过。同时，也有部分规章由保监会和其他有关部门联合制定、联合颁布。截至目前，有效的部门规章有40余项，包括保险公司管理规定、保险公司偿付能力管理规定、保险保障基金管理办法、保险公司股权管理办法、保险公司信息披露管理办法、保险资金运用管理暂行办法等（见表4—1）。

表4—1　　　　　　　中国保监会现行有效规章

（截至 2010 年 12 月 31 日）

序号	规章名称	发布日期	实施日期
1	再保险公司设立规定	2002 年 9 月 17 日	2002 年 9 月 17 日
2	保险业重大突发事件应急处理规定	2003 年 12 月 18 日	2004 年 2 月 1 日
3	保险资产管理公司管理暂行规定	2004 年 4 月 21 日	2004 年 6 月 1 日
4	中华人民共和国外资保险公司管理条例实施细则	2004 年 5 月 13 日	2004 年 6 月 15 日
5	中国保险监督管理委员会行政许可实施办法	2004 年 6 月 30 日	2004 年 7 月 1 日
6	人身保险产品审批和备案管理办法	2004 年 6 月 30 日	2004 年 7 月 1 日
7	中国保险监督管理委员会派出机构监管职责规定	2004 年 6 月 30 日	2004 年 8 月 1 日
8	保险公司次级定期债务管理暂行办法	2004 年 9 月 29 日	2004 年 9 月 29 日
9	保险统计管理暂行规定	2004 年 9 月 29 日	2004 年 11 月 1 日
10	保险机构投资者股票投资管理暂行办法	2004 年 10 月 24 日	2004 年 10 月 24 日
11	保险公司非寿险业务准备金管理办法（试行）	2004 年 12 月 15 日	2005 年 1 月 15 日
12	中国保险监督管理委员会信访工作办法	2005 年 5 月 26 日	2005 年 7 月 1 日

序号	规章名称	发布日期	实施日期
13	保险资金间接投资基础设施项目试点管理办法	2006 年 3 月 14 日	2006 年 3 月 14 日
14	中国保险监督管理委员会规章制定程序规定	2006 年 3 月 14 日	2006 年 5 月 1 日
15	保险营销员管理规定	2006 年 4 月 6 日	2006 年 7 月 1 日
16	外国保险机构驻华代表机构管理办法	2006 年 7 月 12 日	2006 年 9 月 1 日
17	非保险机构投资境外保险类企业管理办法	2006 年 7 月 31 日	2006 年 9 月 1 日
18	保险公司设立境外保险类机构管理办法	2006 年 7 月 31 日	2006 年 9 月 1 日
19	健康保险管理办法	2006 年 8 月 7 日	2006 年 9 月 1 日
20	保险许可证管理办法	2007 年 6 月 22 日	2007 年 9 月 1 日
21	保险资金境外投资管理暂行办法	2007 年 7 月 26 日	2007 年 7 月 26 日
22	保险公司总精算师管理办法	2007 年 9 月 28 日	2008 年 1 月 1 日
23	保险公司养老保险业务管理办法	2007 年 11 月 2 日	2008 年 1 月 1 日
24	金融机构客户身份识别和客户身份资料及交易记录保存管理办法[a]	2007 年 6 月 21 日	2007 年 8 月 1 日
25	保险公司偿付能力管理规定	2008 年 7 月 10 日	2008 年 9 月 1 日
26	保险保障基金管理办法	2008 年 9 月 11 日	2008 年 9 月 11 日
27	中国保险监督管理委员会政府信息公开办法	2008 年 11 月 18 日	2009 年 1 月 1 日
28	保险公司财务负责人任职资格管理规定	2008 年 12 月 11 日	2009 年 2 月 1 日
29	保险公司管理规定	2009 年 9 月 25 日	2009 年 10 月 1 日
30	《保险公司营销服务部管理办法》废止令	2009 年 10 月 1 日	2009 年 10 月 1 日

续表

序号	规章名称	发布日期	实施日期
31	人身保险新型产品信息披露管理办法	2009 年 9 月 25 日	2009 年 10 月 1 日
32	保险公司中介业务违法行为处罚办法	2009 年 9 月 25 日	2009 年 10 月 1 日
33	保险专业代理机构监管规定	2009 年 9 月 25 日	2009 年 10 月 1 日
34	保险经纪机构监管规定	2009 年 9 月 25 日	2009 年 10 月 1 日
35	保险公估机构监管规定	2009 年 9 月 25 日	2009 年 10 月 1 日
36	金融业经营者集中申报营业额计算办法[b]	2009 年 7 月 15 日	2009 年 8 月 14 日
37	中国保险监督管理委员会行政复议办法	2010 年 1 月 6 日	2010 年 3 月 1 日
38	保险公司董事、监事和高级管理人员任职资格管理规定	2010 年 1 月 8 日	2010 年 4 月 1 日
39	财产保险公司保险条款和保险费率管理办法	2010 年 2 月 5 日	2010 年 4 月 1 日
40	人身保险业务基本服务规定	2010 年 2 月 11 日	2010 年 5 月 1 日
41	中国保险监督管理委员会行政处罚程序规定	2010 年 4 月 27 日	2010 年 5 月 28 日
42	保险公司股权管理办法	2010 年 5 月 4 日	2010 年 6 月 10 日
43	保险公司信息披露管理办法	2010 年 5 月 12 日	2010 年 6 月 12 日
44	再保险业务管理规定	2010 年 5 月 21 日	2010 年 7 月 1 日
45	保险资金运用管理暂行办法	2010 年 7 月 30 日	2010 年 8 月 31 日
46	旅行社责任保险管理办法	2010 年 11 月 25 日	2011 年 2 月 1 日

注：a 中国人民银行、银监会、证监会、保监会共同发布。

b 商务部、中国人民银行、银监会、证监会、保监会共同发布。

资料来源：根据中国保监会相关资料整理。

（四）国际条约

在国际条约层面，与保险相关的条约主要是中国的入世协议。中国加入世界贸易组织（WTO）后，中国政府承诺遵守的、包含保险业对外开放等内容的国际条约和国际惯例，也构成我国保险法律体系的组成部分。中国保险业的入世承诺主要涉及保险企业设立形式、地域限制、业务范围、营业许可、大型商业险、法定保险、保险"统括保单"经纪业务、保险服务中的跨境交付等内容。

（五）司法解释

在司法解释层面，与保险相关的司法解释有《最高人民法院关于适用〈中华人民共和国保险法〉若干问题的解释（一）》和《最高人民法院关于审理海上保险纠纷案件若干问题的规定》。

《最高人民法院关于适用〈中华人民共和国保险法〉若干问题的解释（一）》（以下简称《解释》）于 2009 年 9 月 14 日经最高人民法院审判委员会第 1473 次会议通过，自 2009 年 10 月 1 日起施行。该《解释》就人民法院适用新保险法，特别是新旧保险法衔接的若干问题做出了具体规定。伴随着 2009 年新《保险法》的实施，其他保险法司法解释也将制定出台。

《最高人民法院关于审理海上保险纠纷案件若干问题的规定》于 2006 年 11 月 13 日经最高人民法院审判委员会第 1405 次会议通过，自 2007 年 1 月 1 日起施行。该规定是为正确审理海上保险纠纷案件，依照《海商法》和《保险法》等的相关规定而制定的。

四、保险监管的基本框架

中国保险监管的基本框架主要包括三个方面：一是市场行为监管，二是偿付能力监管，三是公司治理监管。以下按照这三个方面对中国保险监管的基本框架和主要内容进行梳理。

（一） 市场行为监管

市场行为监管是对保险公司的市场经营和竞争行为进行规范，是保险监管的重要组成。近几年，市场行为监管的组织体系、制度标准和操作流程正在不断完善。

《保险法》对保险公司的市场行为做出了一些原则要求和禁止性规定。《保险法》规定，保险公司开展业务，应当遵循公平竞争的原则，不得从事不正当竞争。该法还规定，保险公司及其工作人员在保险业务活动中不得有下列行为：（1）欺骗投保人、被保险人或者受益人；（2）对投保人隐瞒与保险合同有关的重要情况；（3）阻碍投保人履行本法规定的如实告知义务，或者诱导其不履行本法规定的如实告知义务；（4）给予或者承诺给予投保人、被保险人、受益人保险合同约定以外的保险费回扣或者其他利益；（5）拒不依法履行保险合同约定的赔偿或者给付保险金义务；（6）故意编造未曾发生的保险事故、虚构保险合同或者故意夸大已经发生的保险事故的损失程度进行虚假理赔，骗取保险金或者牟取其他不正当利益；（7）挪用、截留、侵占保险费；（8）委托未取得合法资格的机构或者个人从事保险销售活动；（9）利用开展保险业务为其他机构或者个人牟取不正当利益；（10）利用保险代理人、保险经纪人或者保险评估机构，从事以虚构保险中介业务或者编造退保等方式套取费用等违法活动；（11）以捏造、散布虚假事实等方式损害竞争对手的商业信誉，或者以其他不正当竞争行为扰乱保险市场秩序；（12）泄露在业务活动中知悉的投保人、被保险人的商业秘密；（13）违反法律、行政法规和国务院保险监督管理机构规定的其他行为。

市场行为监管在不同阶段有不同的工作重点。当前和未来一个阶段，中国保监会市场行为监管的重点有以下三个方面①。

第一，把打击虚假经营行为作为规范市场秩序的重点。财产保险领域以车险和农业保险为重点，突出整治虚假批单退费、虚挂应收保费、虚列中介代理手续费、虚列营业费用和农业保险虚假承保、虚假赔案问题。通过加强监管，逐步解决条款、费率报备与执行不一致的问题。人身保险领域以银行保险为重点，突出整治账外暗中支付手续费和销售误

---

① 中国保监会：《吴定富主席在保险业情况通报会上的讲话》，2010 年 12 月 28 日。

导问题，同时对电话销售业务和团体年金业务开展集中治理。保险中介领域以保险公司中介业务为重点，突出整治利用中介业务和中介渠道弄虚作假、虚增成本、非法套取资金等问题，同时对保险代理市场进行清理整顿。

第二，把加大查处力度作为规范市场秩序的重要手段。监管机构将按照检查方案，统筹监管力量，深入开展现场检查。对查实的违法违规问题，以处罚责任人、停业、吊销许可证、追究上级领导责任为主，严厉处罚违规保险机构和违规人员。对于涉嫌犯罪的，坚决移送司法机关。

第三，把完善制度和强化执行作为规范市场秩序的治本之策。针对保险市场问题产生的关键环节，进一步建立健全操作性强的具体监管制度，从源头上规范市场行为。一是完善中介业务管理规定。针对保险公司中介业务中的违法违规行为，发布专门的规范性文件，明确总公司或省分公司对中介业务的管控责任，建立佣金和手续费集中支付制度。完善保险代理管理制度，制定保险公司委托金融机构和汽车销售商代理保险业务的监管规定。二是完善保险公司财务内控制度。制定实施《保险公司财会基础工作指引》，加强财会内控管理，强化财会人员责任，防止财务造假行为。对于财务行为不规范、没有履行财务监督职能的财务负责人和其他责任人依法追究责任。严格执行车险见费出单制度，研究推进非车险见费出单制度。三是健全内部审计体系。在实施内部审计集中化、垂直化的同时，各保险公司要按照《保险公司内部审计指引》的要求，充实审计力量，扩大审计覆盖面，提高审计频率，切实加大对分支机构的审计监督力度。同时，对违规支付手续费等涉嫌商业贿赂和违反廉政规定的行为，进一步加大整治力度。

（二）偿付能力监管

偿付能力在中国不是一个新概念，早在 1985 年国务院发布的《保险企业管理暂行条例》中就提到了"最低偿付能力"的概念。后来在1995 年的《保险法》、1996 年中国人民银行颁布的《保险管理暂行规定》、2000 年中国保监会颁布的《保险公司管理规定》都提到了"偿付能力监管"的问题。此外，专门针对偿付能力，中国保监会还于2001 年颁布《保险公司最低偿付能力及监管指标管理规定》，于 2003年颁布《保险公司偿付能力额度及监管指标管理规定》，于 2008 年颁布《保险公司偿付能力管理规定》。

近年来，围绕偿付能力监管这一核心，中国保监会做了大量卓有成效的工作，主要表现在建立监管制度体系、完善监管机制、强化监管等三个方面。

其一，建立了偿付能力监管制度体系。全面研究各国偿付能力监管制度，重点借鉴欧洲偿付能力Ⅰ监管模式，结合我国保险业处于初级阶段的客观实际，2003 年发布实施了《保险公司偿付能力额度及监管指标管理规定》，实现了我国偿付能力监管从无到有的历史性跨越。近年来，先后发布了20 余个编报规则和问题解答，建立了动态偿付能力监管制度，推进偿付能力分类监管，形成了由保险公司内部风险管理制度、偿付能力报告制度、财务分析和检查制度、监管干预制度、保险保障基金制度等组成的制度体系。

其二，完善了偿付能力监管机制。在积极借鉴欧盟保险偿付能力监管标准Ⅱ的最新进展的基础上，2008 年中国保监会修订发布了《保险公司偿付能力管理规定》，进一步完善了偿付能力监管机制。保监会成立了"偿付能力监管标准委员会"和"偿付能力监管委员会"，建立了偿付能力风险处置机制，初步形成了贯穿保监会机关、保监局和保险公司，上下联动、协调一致的偿付能力监管和偿付能力管理机制。2007年成立的中国保险业偿付能力监管标准委员会是保险业偿付能力监管标准建设的专家咨询机构，负责为偿付能力监管标准研究制定过程中的重大技术问题提供咨询和论证。2009 年成立的中国保监会偿付能力监管委员会负责统一协调保险业偿付能力监管工作。

其三，强化了偿付能力监管。通过改革上市逐步化解了国有保险公司老业务的利差损风险，为全行业执行偿付能力监管打下了基础。加大对偿付能力不足公司的监管和处罚力度，偿付能力不足的公司数量逐步减少。特别是成立应对金融危机小组，密切关注外资保险机构母公司偿付能力风险状况，有效防范了风险跨境传递。

2008 年的《保险公司偿付能力管理规定》在偿付能力监管的理念、思路和框架等方面都取得了不少新突破。比如，明确了保险公司、保监会及其派出机构（保监局）在偿付能力监管体系中的职责，打通了偿付能力监管从保监会到保险公司的传导机制，强调偿付能力监管不是仅针对总公司的监管，而是对包括总公司和分支机构在内的保险公司整体的监管，从而建立了保监会系统内部上下贯通的偿付能力监管体系；又如，吸收了进展中的欧盟保险偿付能力监管标准Ⅱ（即"欧Ⅱ"）的核心思想，正朝着构建有利于体现风险导向、激励内部控制、加强市场约束的保险偿付能力监管体系的目标努力。

（三）公司治理监管

以 2006 年发布《关于规范保险公司治理结构的指导意见》为标志，中国保监会正式启动保险公司治理监管工作。几年来，中国保监会发布了《保险公司独立董事管理暂行办法》、《保险公司风险管理指引（试行）》、《保险公司关联交易管理暂行办法》、《保险公司内部审计指引（试行）》、《保险公司董事会运作指引》等完善公司治理的规范性文件。2009 年，中国保监会还成立了保险公司治理监管委员会。经过几年的努力，公司治理监管从无到有，监管的操作性和指导性逐步增强，保险公司治理监管的目标、理念和模式逐步明确，取得了明显的进展。

其一，确定公司治理监管的工作目标。一是防范保险资金被非法挪用侵占，保护保险公司资产安全；二是协调解决公司治理层面的严重冲突，维护公司正常经营；三是推动监督保险公司建立健全内控体系，提升决策、执行和风险控制能力。

其二，确立公司治理监管的理念。一是公众公司的监管标准，即按照公众公司的标准对所有保险公司实施监管；二是资产安全的监管目标，严格监控公司关联交易等各类非法利益输送问题；三是强制性和指导性相结合的监管方式。对公司治理的基本原则和合规要求，应当强制遵循，同时采取鼓励、指引、示范以及合理干预等方式，优化公司治理过程。

其三，构建符合保险业实际的公司治理监管模式。一是以优化股权结构为基础，规范主要股东行为；二是以董事会为核心，加强董事会建设；三是推动保险公司完善内部控制体系，加强风险防范，提高保险公司执行力。

五、保险偿付能力监管的基本理念

《国务院关于保险业改革发展的若干意见》指出，要"加强和改善监管，防范化解风险；加强偿付能力监管，建立动态偿付能力监管指标体系；提高偿付能力监管的科学性和约束力”，《保险法》要求“国务院保险监督管理机构应当建立健全保险公司偿付能力监管体系，对保险公司的偿付能力实施监控”，这些都为中国保险偿付能力监管改革提出了明确的要求。

如何看待和认识保险偿付能力监管？在此针对中国保险偿付能力监管提出五个基本理念，它们是：（1）偿付能力监管是保险监管的核心；（2）偿付能力监管是一项复杂的系统工程；（3）应当及时跟踪国际偿付能力监管新趋势；（4）偿付能力监管标准应当符合中国现实；（5）保证监管执行力应当超越利益冲突。

（一）偿付能力监管是保险监管的核心

保险监管通常包括三大支柱，即偿付能力监管、公司治理结构监管和市场行为监管。保险监管的这三个方面相辅相成，缺一不可；同时，偿付能力监管是保险监管的核心。

偿付能力监管是保险监管的核心，这是由保险监管的核心目标决定的。保险监管的核心目标是保护保险消费者的利益，而保险消费者的核心利益是保险保障权或保险金领取权。如果保险消费者在申请领取保险金时，保险公司不具有相应的偿付能力，那么保险消费者的核心利益就会失去保护、保险监管的核心目标也就无从实现了。因此，在保险监管的多项工作中，偿付能力监管应当居于核心地位。因为只有抓住了偿付能力监管这个核心，才能有效保护保险消费者的核心利益，才能实现保险监管的核心目标。做一个类似的比方，比如航空消费者的利益是多方面的，包括要求航班正点、航空食品卫生、空乘服务良好等，但其核心利益是飞行安全。如果不能保证飞行安全，那么其他一切都将成为虚无。因此，如同航空监管的核心应是保障飞行安全一样，保险监管的核心应是保障偿付能力，尽管保险监管和航空监管都还包括其他许多内容。

认识到“偿付能力监管是保险监管的核心”的积极意义在于：第一，有利于保证保险监管核心目标的实现，保护保险消费者的核心利益；第二，有利于根据保险监管工作的轻重缓急，有效配置有限的监管资源；第三，有利于引导保险市场的健康发展，既避免用行政价格管制手段干预市场，又可以防止出现恶性价格竞争。

　　当然，提出偿付能力监管是保险监管的核心，绝不意味着保险监管的其他方面如公司治理结构监管、市场行为监管就不重要了；相反，如果只强调偿付能力监管而忽视甚至放弃公司治理结构和市场行为监管，那么将会发现，不仅保险消费者的利益不能得到完整保护，而且最终有可能影响和削弱偿付能力监管的效果。

（二）偿付能力监管是一项复杂的系统工程

　　有人认为，偿付能力监管很简单，只要抓住"偿付能力充足率"等几个指标就万事大吉了。当然，偿付能力充足率（即保险公司的实际资本与最低资本的比率①）等关键指标确实是判断保险公司偿付能力充足与否的重要标准，但偿付能力监管绝不仅止于此，偿付能力监管是一项复杂的系统工程。

　　首先，偿付能力监管的有效性不只是依赖于几个核心指标公式的科学性，而是有赖于相关配套制度如财务会计制度和精算制度的健全和完善，但这不是一蹴而就的。其次，偿付能力监管不只是对静态指标的检查，而且需要不断地进行动态监测。再其次，偿付能力监管不只是根据量化指标进行定量监管，而且需要根据保险公司的治理结构和市场行为等其他非定量因素进行定性监管。最后，完整的偿付能力监管不仅需要完善的保险监管机构的外部监督，而且十分强调激励相容的保险公司的内部偿付能力管理。

　　换言之，即使计算偿付能力充足率的公式是科学的，也不能完全保证偿付能力监管的有效性，因为代入计算公式的数据准确与否还取决于相关财务会计制度和精算制度的完善与否；又如，即使现在的偿付能力监管指标显示正常（如偿付能力充足率大于100%），也不能保证保险公司的偿付能力状况就一定良好，因为指标显示正常只能代表静态的过去，而不能代表动态的未来，而且指标本身只是定量因素，还有许多定性因素可能随时影响保险公司的偿付能力。正是从这些意义上说，偿付能力监管是一项复杂的系统工程。

---

　　① 保险公司的最低资本，是指根据监管机构的要求，保险公司为吸收资产风险、承保风险等有关风险对偿付能力的不利影响而应当具有的资本数额；保险公司的实际资本，是指认可资产与认可负债的差额。

认识到"偿付能力监管是一项复杂的系统工程"的积极意义在于：第一，它有利于避免轻视偿付能力监管工作的复杂程度和困难程度的"轻率主义"倾向，从而可以使监管者和公司高管从战略高度上重视这项工作；第二，它有利于避免在偿付能力监管中墨守几个定量指标的"教条主义"倾向，从而可以在框架上全面评估和监管保险公司的偿付能力；第三，它有利于避免在偿付能力监管工作中仅依靠保险监管机构的"单边主义"倾向，调动保险公司的积极性，建立偿付能力监管从监管机构到保险公司的传导机制。

（三）应当及时跟踪国际偿付能力监管新趋势

有人认为，偿付能力监管是老问题，国际上早有一定之规，最近几年没有什么新变化。但根据笔者近年来的研究，虽然偿付能力监管是"老问题"，但最近几十年却一直在推陈出新，近几年有关"欧Ⅱ"的标准更是热议不断。

国际上对偿付能力监管这一"老问题"能够不断推陈出新，是因为：首先，国际保险界认识到偿付能力监管这一保险监管之"核"的内涵随外部环境的变化而不断发展变化，所以几十年来始终没有停止过对改善偿付能力监管的追求。其次，国际保险业的发展变化对偿付能力监管提出了新的要求，产品服务更新换代、组织结构创新应变、市场形态日新月异，偿付能力监管必须及时反映保险业的新变化和新要求。最后，国际金融监管的新举措为保险偿付能力监管提供了可借鉴的思路，保险业作为金融业的三大支柱之一，在许多方面与银行、证券业有共通之处，而且在金融综合经营的大趋势下，不同金融部门的监管标准也在逐渐融合，比如近年发布的国际银行业的《新巴塞尔协议》对保险偿付能力监管改革就带来了直接的影响。在国际偿付能力监管改革推陈出新的大背景下，近几年特别热议的偿付能力监管的"欧Ⅱ"标准更是一个值得关注的最新发展趋势。

我们要及时跟踪国际偿付能力监管的新趋势，这样做的积极意义在于：第一，有利于在偿付能力监管的重要理念上与国际保险业保持一致。因为不论是哪个国家的偿付能力监管，在最基本的理念上应该都是相通的。第二，有利于应对经济全球化的挑战。中国保险市场已经全面对外开放，国际保险偿付能力监管改革的许多理由和动因，其实对中国也是完全适用的。第三，有利于发挥后发优势。当前中国保险业正在总结过去几年在偿付能力监管方面的经验教训，正在启动新一轮的偿付能力监管改革，及时跟踪国际偿付能力监管改革的最新发展趋势，吸收其进步的理念和原则，可以使中国的保险业少走很多弯路。

（四）偿付能力监管标准应当符合中国现实

有人认为，偿付能力监管不应有中国标准，中国也应遵循国际标准。笔者认为，虽然基本理念是国际相通的，但是各国还是有各国的特殊国情，中国的偿付能力监管标准应当符合中国现实。

首先，从定量计算的角度看。偿付能力监管标准的定量计算如计算偿付能力充足率所需的最低资本和实际资本的计算，要涉及各国的具体情况。比如，保险公司的最低资本，是指根据监管机构的要求，保险公司为吸收资产风险、承保风险等有关风险对偿付能力的不利影响而应当具有的资本数额。那么，究竟需要多大的资本数额才足以吸收资产风险和承保风险等有关风险对偿付能力的不利影响呢？由于各国资产风险和承保风险的形态和程度各不相同，所以计算出来的结果肯定不同。又如，保险公司的实际资本，是指认可资产与认可负债的差额。那么，哪些资产属于认可资产，哪些负债属于认可负债呢？同样因为各国保险市场和金融市场等的具体情况不同而会有所不同。所以，从定量角度看，中国的偿付能力监管标准应当符合中国的现实。

其次，从定性判断的角度看。偿付能力监管不只是几个技术性量化指标的问题，而是一项"科学"加"艺术"的工作，它必须加入定性判断才能提升其监管有效性，而定性判断涉及对公司治理结构、市场行为和数据质量等问题的把握，必然与各国的具体国情直接相连。所以，从定性角度看，中国的偿付能力监管标准应当符合中国现实。

最后，从保险业发展阶段的角度看。国际偿付能力监管标准虽不能说完全没有反映发展中国家的情况，但应当说它更多地还是反映发达国家的情况。而中国是一个典型的发展中国家，中国保险业还处于初级发展阶段，中国保险偿付能力监管还面临一些自身的特殊问题。所以，从发展阶段角度看，中国的偿付能力监管标准应当符合中国现实。

认识到"偿付能力监管标准应当符合中国现实"的积极意义在于：

第一，可以避免对国际标准的教条崇拜和照搬照抄，有利于提高中国偿付能力监管标准的本土适用性；第二，有利于客观反映中国经济发展和中国保险业发展的生动现实，同时解决中国在偿付能力监管中面临的特殊问题；第三，有可能在解决中国问题的同时，为国际偿付能力监管标准、特别是发展中国家的偿付能力监管标准提供可资借鉴的范例。作为世界最大的发展中市场，中国保险业发展迅速，在世界保险业中的地位不断提升，完全有可能为改进国际保险监管标准做出贡献。

（五）保证监管执行力应当超越利益冲突

有人认为，过去几年中国保险偿付能力监管执行力不强的原因在于监管标准缺乏科学性；笔者认为，原有监管标准在科学性方面确实有所欠缺，但更深层的原因还在于利益冲突的干扰。

为什么偿付能力监管执行会遭遇利益冲突呢？首先，市场上"好公司"与"坏公司"之间存在明显的利益冲突。偿付能力充足的保险公司非常希望监管机构能够严格执行偿付能力监管标准，以此整肃市场，打击恶性竞争，规范市场秩序；而偿付能力不足的保险公司则希望监管机构能够放松执行偿付能力监管标准，并以监管标准不科学为由主张给予保险公司更大的扩张空间。其次，保险监管机构内部存在一定的理念冲突。相对而言，监管机构总部往往更重视偿付能力监管，各派出机构则往往更重视业务增长和市场发展；在监管机构总部，有些部门更重视偿付能力监管，有些部门则更重视引领业务增长和市场发展。由于在市场上的保险公司之间存在利益冲突，在保险监管机构内部存在理念冲突，再加上原有偿付能力监管标准在科学性方面有所欠缺，所以，偿付能力监管执行力不强就不难理解了。

充分认识"保证监管执行力应当超越利益冲突"的积极意义在于：第一，有利于抓住执行力问题的核心。监管标准的科学性欠缺只是一个表层原因，深层原因还在于不同主体之间的利益冲突和理念冲突。第二，有利于厘清保险监管的终极目标。保险监管的终极目标究竟是监管还是引领发展？笔者认为应当是监管。如果这个问题不能明确，偿付能力监管执行力就很难得到保证。第三，有利于树立保险监管标准的严肃性。如果连偿付能力这一核心监管都不能保证执行，那么其他方面的保险监管就更可想而知了。

六、保险监管的若干重要议题

保险监管内容庞杂，涉及许多方面，在此挑选当前四个重要议题进行讨论。第一，保险分类监管，这涉及政府如何更有效地监管保险业的问题；第二，保险信息披露，这涉及如何动员社会力量监督保险业的问题；第三，保险保障基金，这涉及如果保险公司破产，如何进行后续处理的问题；第四，保险监管的国际合作，这涉及如何增强中国在国际保险监管规则制定中的话语权问题。

（一）保险分类监管

自 2009 年 1 月 1 日起，中国保监会建立了针对保险公司、保险专业中介机构的分类监管制度。

对于保险公司，保监会在每年初根据上一年度审计后的数据，对所有保险公司进行一次全面评价分类，决定对各公司采取的监管措施。在此基础上，再根据每季度的数据评估一次，对年度评价结果和监管措施进行相应调整。保监会定期向各保险公司通报公司所处的类别和对其采取的监管措施，但不向社会公开披露。

保监会依据监测指标以及日常监管中所掌握的信息对保险公司进行分类。保险公司的监测指标包括五大类：偿付能力充足率，公司治理、内控和合规性风险指标，资金运用风险指标，业务经营风险指标，财务风险指标。

保监会根据保险公司的风险程度，将保险公司分为 A、B、C、D 四类，并相应地采取不同的监管措施。

A 类公司，指偿付能力达标，在公司治理、资金运用、市场行为等方面未发现问题的公司。对 A 类公司，不采取特别的监管措施。

B 类公司，指偿付能力达标，但在公司治理、资金运用、市场行为等方面存在一定风险的公司。对 B 类公司，可采取以下一项或多项监管措施：监管谈话，风险提示，要求公司限期整改所存在的问题，针对所存在的问题进行现场检查，要求提交和实施预防偿付能力不达标的计划。

C类公司，指偿付能力不达标，或在公司治理、资金运用、市场行为等方面存在较大风险的公司。对C类公司，除可采取对B类公司的监管措施外，还可以根据公司偿付能力不达标的原因采取以下一项或多项监管措施：全面检查，要求提交改善偿付能力的计划，责令增加资本金，限制向股东分红，限制董事和高级管理人员的薪酬水平和在职消费水平，限制商业性广告，限制增设分支机构，限制业务范围、责令停止开展新业务、责令转让保险业务或者责令办理分出业务，责令拍卖资产或者限制固定资产购置，限制资金运用渠道或范围，调整负责人及有关管理人员，向董事会、监事会或主要股东通报公司经营状况。

D类公司，指偿付能力严重不达标，或者在公司治理、资金运用、市场行为等至少一个方面存在严重风险的公司。对D类公司，除可采取对B、C类公司的监管措施外，还可以采取整顿、接管或中国保监会认为必要的其他监管措施。

对于保险专业中介机构，风险分类依据包括合规性和稳健性两大类指标。按风险程度分为三类：一般非现场检查类机构、关注性非现场检查类机构、现场检查类机构。对一般非现场检查类机构采取非现场监管方式。对关注性非现场检查类机构在非现场检查的同时，加强风险监测、重点关注，可进一步采取以下监管措施：进行风险提示或者监管谈话，提高报表报送频率，要求对存在风险的领域提交专项报告、报表，要求聘请合格会计师事务所对所提供信息进行专项外部审计并提交专项审计报告，组织现场检查及其他必要的监管措施。对现场检查类机构除采取关注性非现场检查类机构的监管措施外，每年还至少进行一次现场检查。

此外，2010年5月，保监会还发布了关于保险公司分支机构分类监管的规定，由各省市的保监局根据客观信息，综合分析评估保险公司分支机构风险，依据评估结果将其归入特定监管类属，并采取针对性的监管措施。

在保险公司和中介机构良莠不齐、监管资源十分有限的情况下，推行分类监管是一个正确方向，而且这也是国际惯例。分类监管制度的建立健全有利于整合监管资源、把握监管重点、增强监管力度和提高监管效率。

未来一个阶段，有关保险公司分类监管工作还有两个问题值得重视。第一，提高科学性。对与分类监管相关的部门规章和规范性文件要进行系统的清理，法规中要求保险公司必须做的，要有充分的必须做的理由；同样，禁止保险公司做的，也要有充分的禁止做的道理，而不能随意定规。第二，加强执行力，注重行业"合规文化"的培育。在保证科学性的前提下，要加强执行力，要令行禁止，要加强对分类结果在保险监管实践中的使用，让保险公司有充分的内在激励去趋优避劣。

（二）保险信息披露

保险分类监管是十分必要的，但它仍属于狭义的"政府监管"的范畴。如何在更广的范围内动员社会力量对保险公司进行监督，一个好的办法就是要求保险公司进行信息披露。

保险公司信息披露，是指保险公司向社会公众公开其经营管理相关信息的行为。由于保险业是经营风险的行业，与社会公众利益相关性很强，市场要求保险公司比其他公司披露更多的信息。信息披露是解决市场信息不对称、提高市场运转效率和透明度的重要措施。

2010年5月，中国保监会颁布了《保险公司信息披露管理办法》，要求保险公司信息披露应当遵循真实、准确、完整、及时、有效的原则，不得有虚假记载、误导性陈述和重大遗漏，并且对保险公司信息披露的内容、方式、时间和信息披露管理等做出了具体规定。

保险公司信息披露的内容主要包括七个方面：基本信息、财务会计信息、风险管理状况信息、保险产品经营信息、偿付能力信息、重大关联交易信息和重大事项信息。

针对不同类型的信息，做出了不同的信息披露的方式和时间的要求。对于保险公司基本信息，应当在公司互联网网站披露，并在发生变更之日起10个工作日内更新；对于年度信息披露报告，应当于每年4月30日前在公司互联网网站和中国保监会指定的报纸上发布；对于重大事项，应当自事项发生之日起10个工作日内发布在公司互联网网站。

同时，要求保险公司应当建立信息披露管理制度，包括信息披露的内容和基本格式、信息的审核和发布流程、信息披露事务的职责分工和责任追究等。

在此次信息披露新规中，最具争议的问题之一是偿付能力信息披露。偿付能力信息包括公司的实际资本和最低资本、资本溢额或者缺口、偿付能力充足率状况、相比报告前一年度偿付能力充足率的变化及其原因等信息。由于偿付能力信息较为敏感，所以对于偿付能力信息是否需要公开披露，存在不同意见。反对披露的观点认为，偿付能力是一个保险监管上的专业概念，偿付能力不足并不意味着保险公司即将破产，将此信息向公众披露有可能引起不必要的担心和混乱，放大保险公司的风险；而且，保险公司并非都是上市公司，非上市保险公司不是"公众公司"，不必披露偿付能力信息。赞成披露的观点认为，偿付能力是保险监管的一个核心概念，披露偿付能力信息有利于引导消费者的理性选择，有利于促进保险业的有序竞争和健康发展，不仅不会放大风险，还能动员社会力量对保险公司进行监督，有利于防范保险业面临的风险；而且，保险公司不论上市与否，都拥有成千上万的客户，从这个意义上讲，虽然保险公司不一定是拥有成千上万股东的上市公众公司，但其实所有保险公司都是"公众公司"，既然是公众公司，就必须有严格的信息披露的要求，包括偿付能力信息。

此外，对于人身保险新型产品，保险监管机构还有更具体的信息披露要求，比如，人身保险公司及其代理人应向投保人、被保险人、受益人及社会公众描述新型产品的特性、演示保单利益测算以及经营成果等信息。

（三）保险保障基金

保险分类监管和信息披露都十分重要，但是再严格的监管，也不可能完全杜绝保险公司破产的发生。一旦保险公司破产，该如何处理？这涉及保险保障基金的问题。

中国保险保障基金分为财产保险保障基金和人身保险保障基金，分别由财产保险公司和人身保险公司按照保险公司保费收入和业务收入的一定比例缴纳形成。动用保险保障基金必须经由中国保监会拟定风险处置方案和使用办法，商有关部门后，报经国务院批准。

《保险法》规定保险保障基金的使用情形包括：（1）在保险公司被撤销或者被宣告破产时，向投保人、被保险人或者受益人提供救济；（2）在保险公司被撤销或者被宣告破产时，向依法接受其人寿保险合同的保险公司提供救济；（3）国务院规定的其他情形。2008年9月，中国保监会、财政部、中国人民银行共同制定颁布了《保险保障基金管理办法》，对保险保障基金的使用做出了更具体的规定。

对于非人寿保险，分为损失 5 万元以内和以上两种情形。对于保单持有人的损失在人民币 5 万元以内的部分，保险保障基金予以全额救助。对于保单持有人的损失超过人民币 5 万元的部分，又分为个人和机构两种情形。如果保单持有人为个人，则保险保障基金的救助金额为超过部分金额的 90%；如果保单持有人为机构，则保险保障基金的救助金额为超过部分金额的 80%。

对于人寿保险，保险保障基金是向保单受让公司提供救助，具体又分为个人和机构两种情形。如果保单持有人为个人，则救助金额以转让后保单利益不超过转让前保单利益的 90% 为限；如果保单持有人为机构，则救助金额以转让后保单利益不超过转让前保单利益的 80% 为限。

根据《保险保障基金管理办法》，除了撤销或破产之外，"中国保监会经商有关部门认定，保险公司存在重大风险，可能严重危及社会公共利益和金融稳定的"，也可以动用保险保障基金。也就是说，保险保障基金不仅可以用作保险公司的"善后"事宜的处理，而且可以用于其"病危"期间的救治。

此外，2008 年 9 月，根据《保险保障基金管理办法》，中国保险保障基金有限责任公司正式挂牌成立，依法负责保险保障基金的筹集、管理和使用。保险保障基金公司董事会由 9 名董事成员组成，分别来自保监会、财政部、中国人民银行、国家税务总局、国务院法制办及三家保险公司。保险保障基金的资金运用，遵循安全性优先的原则，投资范围限于银行存款、买卖政府债券、中央银行票据、中央企业债券、中央级金融机构发行的金融债券等。

（四）保险监管的国际合作

在经济全球化和金融危机的大背景下，保险监管国际合作显得尤为重要。过去几年间，中国保监会充分利用保险监管国际合作机制，积极参与保险监管国际规则制定。中国保险监管已经从对国际监管规则的简单模仿和被动接受，逐步成为规则制定的重要参与者。同时，依托保险监管国际合作平台，加强与国际组织和境外监管机构的联系，积极应对金融危机，取得了良好的效果。

2006 年，中国保监会主办国际保险监督官协会第 13 届年会；同年，中国保监会还发起并主办了首届亚洲保险监督官论坛，建立亚洲保险监管合作机制。近年来，保监会通过不断加强该机制下的交流与合作，促进了亚太地区保险监管合作与稳定发展。此外，中国保监会不断巩固和深化与美国、欧盟和日本等重要市场保险监管机构之间的合作，及时了解全球保险业的发展动态和风险趋势，促进了保险业的健康发展。

2008 年国际金融危机爆发之后，国际保险监督官协会（IAIS）启动了战略调整工作，引领保险监管国际发展趋势。作为国际保险监督官协会的执委，中国保监会及时参与了国际保险监督官协会战略调整的讨论和决策，在战略调整工作中发挥了关键的作用。同时，中国保监会还加大参与国际保险监管规则制定的力度，派遣工作组参与国际保险监督官协会的统一规则、金融稳定、公司治理、小额保险、偿付能力等工作组的讨论。

2010 年，中国保监会积极参与并深化国际交流合作。一是积极参与"国际保险集团监管共同框架"的制定工作。2010 年国际保险监督官协会正式启动"国际保险集团监管共同框架"的制定，旨在加强对国际活跃的保险集团监管的一致性，推动全球监管方法的统一，中国保监会积极参与了此次"共同框架"的制定工作。二是加强双边和多边合作。中国代表亚洲国家当选国际保险监督官协会审计委员会成员；成功召开首次保险监管国际联席会议，与外资保险公司的母国监管机构加强交流沟通和监管合作；举办第七届中美保险监管对话和第五届中欧保险监管对话。三是配合国际货币基金组织和世界银行在我国开展金融稳定评估工作，用国际标准对我国保险监管进行了一次较为系统的评估，评估专家对我国保险监管制度体系给予积极评价。

可以预见，随着中国经济的发展，未来中国将在保险监管国际交流与合作中发挥更加积极的作用。

七、小　结

本章从中国保险监管的历史沿革、法律体系、基本框架、偿付能力监管的基本理念、保险监管的若干重要议题等方面展开讨论。

从历史沿革看，中国保险监管经历了三个阶段。第一阶段是 1998 年之前的初级监管阶段，第二阶段是 1998～2006 年的市场行为和偿付能力监管阶段，第三阶段是 2006 年之后的"三支柱"监管阶段。

　　从法律体系看，中国保险监管法律体系包括法律、行政法规、部门规章、国际条约、司法解释等五个方面，形成了多层次的较为完整的法律体系。特别是 2009 年全国人大常委会对《保险法》进行系统修订，近几年中国保监会先后颁布《保险公司偿付能力管理规定》、《保险保障基金管理办法》、《保险公司管理规定》、《保险公司股权管理办法》、《保险公司信息披露管理办法》和《保险资金运用管理暂行办法》，对完善中国保险监管法律体系起到了十分重要的作用。

　　从基本框架看，中国保险监管主要包括三个方面：一是市场行为监管，二是偿付能力监管，三是公司治理监管。这"三个支柱"以及配套的"五道防线"，构成了当前中国保险监管的主体结构，一个较为完整的保险监管框架基本形成。

　　从偿付能力监管的基本理念看，笔者提出了五个基本理念：偿付能力监管是保险监管的核心，偿付能力监管是一项复杂的系统工程，应当及时跟踪国际偿付能力监管新趋势，偿付能力监管标准应当符合中国现实，保证监管执行力应当超越利益冲突。

　　此外，本章还讨论了当前保险监管的四个重要议题：保险分类监管、保险信息披露、保险保障基金和保险监管的国际合作。

本章参考文献

1. 全国人大常委会：《中华人民共和国保险法》，2009 年。

2. 孙祁祥、郑伟等：《保险制度与市场经济——历史、理论与实证考察》，经济科学出版社 2009 年版。

3. 郑伟、贾若：《保险法》，中国发展出版社 2009 年版。

4. 中国保监会：《保险保障基金管理办法》，2008 年。

5. 中国保监会：《保险公司偿付能力管理规定》，2008 年。

6. 中国保监会：《保险公司管理规定》，2009 年。

7. 中国保监会：《保险公司股权管理办法》，2010 年。

8. 中国保监会：《保险公司信息披露管理办法》，2010 年。

9. 中国保监会：《保险资金运用管理暂行办法》，2010 年。

10. 中国保监会：《吴定富主席在保险业情况通报会上的讲话》，2010 年 12 月 28 日。

保险与经济社会发展

一、引言

保险与一国经济社会发展具有十分紧密的联系。保险具有经济补偿、资金融通和社会风险管理等功能，是市场经济条件下风险管理的基本手段，是金融体系和社会保障体系的重要组成部分，在社会主义和谐社会建设中具有重要作用。自古以来，人类一直在与各类风险进行艰苦卓绝的抗争。一直到近几个世纪，随着现代保险制度的形成和发展，一个覆盖广泛、运转有效的制度化的风险管理机制才逐步建立起来。加快保险业改革发展有利于应对灾害事故风险、保障人民生命财产安全和经济稳定运行，有利于完善社会保障体系、满足人民群众多层次的保障需求，有利于优化金融资源配置、完善社会主义市场经济体制，有利于社会管理和公共服务创新、提高政府行政效能。

在当前和今后一段时期，完善社会主义市场经济、积极稳妥推进金融综合经营试点、健全国家医疗保障体系、探索建立地震巨灾风险管理制度等，都是中国经济社会发展的重大课题。本章将就保险与市场经济、保险与金融综合经营、保险与医疗保障体系改革、保险与地震巨灾风险管理等问题展开讨论。

二、保险与市场经济

从 1978 年启动中国经济体制改革和对外开放，到 1992 年正式提出建立社会主义市场经济体制，从 1993 年通过《中共中央关于建立社会主义市场经济体制若干问题的决定》，到 2003 年通过《中共中央关于完善社会主义市场经济体制若干问题的决定》，我国顺利实现了从高度集中的计划经济体制到充满活力的社会主义市场经济体制的伟大历史转折。2008 年 12 月，胡锦涛总书记在纪念改革开放三十周年大会上的讲话中指出，"我们要始终坚持社会主义市场经济的改革方向，继续完善社会主义市场经济体制，继续加强和改善宏观调控体系，不断为经济社会又好又快发展提供强大动力"。2010 年 10 月，《中共中央关于制定国民经济和社会发展第十二个五年规划的建议》继续重申，要"加快改革攻坚步伐，完善社会主义市场经济体制"。

在这样的大背景下审视中国保险业的发展，有一系列重要的战略性问题需要认真研究。具体包括：第一，保险与市场经济究竟是一种什么关系，搞市场经济没有保险业行不行？第二，在市场经济中，保险业的行业定位是什么，是否等同于一般意义上的金融业？第三，在历史上保险与财政曾经是什么关系，现在搞市场经济能否沿袭这种关系？第四，在市场经济条件下，保险业发展应当注意哪些问题？应当遵循什么规律？第五，以"看守市场"为己任的保险监管最应当保护的是谁的利益？第六，以"完善市场"为己任的政府，应当以怎样的视角来规划保险业的发展？概括而言，实际上要回答这样六个问题：保险与市场经济是什么关系？保险是什么？保险不是什么？如何发展？如何监管？如何规划？

在此，对应这些问题，我们提出六个基本理念，它们是：（1）保险业不完善的市场经济不是完善的市场经济，（2）保险业的立业之本是经济保障和风险管理，（3）"保险泛财政化"是一种制度扭曲，（4）保险业发展应遵循客观经济规律，（5）保险监管的最大职责是保护消费者利益，（6）政府应从"完善市场经济"的高度来统筹规划保险业的发展。

（一）保险业不完善的市场经济不是完善的市场经济

从世界保险发展史看，现代保险业是在市场经济发展过程中自然生发出来的，是典型的"市场之产儿"。14 世纪，随着地中海海上贸易的发展，出于风险转移的需要，海上保险在意大利开始萌芽，后随海上贸易区域开拓，海上保险由意大利经葡萄牙、西班牙，于 16 世纪传入荷兰、英国和德国等地。众所周知，贸易是典型的"市场经济"行为，正是在市场经济中从事贸易的商人有了转移风险的需求，保险业作为一个行业才由此生发。

19世纪初，西方现代保险业进入中国，其背景是为了配合西方资本主义国家的对外扩张和经济贸易的需要，也是与"市场经济"相伴随的。从1949~1958年，新中国保险业经历了从诞生发展到国内保险业务停办的大起大落，停办的主要理由是"人民公社化后，保险已完成历史使命"，可见，商业保险与计划经济不是相配套的，在计划经济体制下，商业保险可有可无。然而，即使在高度集中的计划经济体制下，海外保险业务还是保留下来了，得以保留的一个重要原因就是对外经济贸易活动存在转移风险的现实需求。这说明，即使在计划经济时代，只要存在市场经济成分（如对外经济贸易），保险就有其生存空间，甚至是不可或缺的。

改革开放以来，中国在探索市场经济的道路上迈出了坚实步伐。1992年，党的十四大正式提出建立社会主义市场经济体制；1993年党的十四届三中全会通过《中共中央关于建立社会主义市场经济体制若干问题的决定》，勾画了社会主义市场经济体制的基本框架和总体蓝图；2003年，党的十六届三中全会通过《中共中央关于完善社会主义市场经济体制若干问题的决定》，对完善社会主义市场经济体制做出了全面规划和工作部署。这一时期，伴随着市场经济的逐步建立和完善，保险业也得以恢复和发展。

究其本质，市场经济要求"更大程度地发挥市场在资源配置中的基础性作用"。在市场经济条件下，不仅在生产、交换、分配、消费等领域应发挥市场的基础资源配置作用，而且，由于这些领域都存在风险，所以，对这些领域的风险实施市场化（而不是政府财政救济）的管理，也应是市场经济的题中应有之义。在市场化的风险管理的制度安排中，保险无疑是最重要的一种。如果保险制度安排不完善，那么对社会生产、交换、分配和消费中无处不在的风险的管理就无法实现市场化，市场的基础资源配置作用就将大打折扣，从而直接影响市场经济体制的建立与完善。正是在这个意义上，可以说保险业不完善的市场经济不是完善的市场经济。

（二）保险业的立业之本是经济保障和风险管理

在市场经济中，保险业功能的提法有很多，如经济保障、风险管理、资金融通、社会管理等等，这其中，保险业最核心的功能始终应是经济保障和风险管理。在这方面，中国保险业曾经有过一些模糊认识，也走过一些弯路。

固然，保险业具有重要的资金融通功能，同时，在社会保障体系和政府社会管理中也能发挥重要作用，但是相对于经济保障和风险管理的主功能，这些功能是次功能，是衍生功能。保险之所以称为保险，首先是因为它能够为消费者提供经济保障和风险管理服务。

认清保险业的主次功能对宏观经济和社会发展具有重要意义。国民经济各部门是有专业分工的，如农业生产农产品，工业生产工业品，服务业提供服务；服务业中的金融业提供资金融通服务；金融业中的银行业提供间接融资服务，证券业提供直接融资服务；等等。保险业通常划归金融业，但其实它不是纯粹的金融业，虽然它具有重要的资金融通功能，但这不是保险业的本质属性。依社会经济全局视角，如果保险业的主功能被定位为资金融通，那将是制度安排的重复浪费，因为既然已经有了银行业和证券业来做资金融通的工作，为何还需要保险？实际上，社会之所以需要保险业，是因为保险业能够系统地提供其他行业所无法提供的服务，那就是经济保障和风险管理。

认清保险业的主次功能对保险行业发展也具有十分重要的意义。每个行业都希望在政府和社会上争取更多更大的话语权，这是无可非议的，这里的关键问题是每个行业在主观上所希望争取的话语权必须与客观上该行业在经济社会中的角色定位相匹配。笔者认为，保险业在经济社会中的话语权更多地不是表现为"金融话语权"，而是表现为"风险管理话语权"。一方面，即使保险业的规模达到甚至超过银行业或证券业，其在国民经济中的所谓"金融话语权"也还是相对有限的，因为相比较而言，银行业和证券业是较为纯粹的金融业，而保险业的金融功能是衍生功能，其金融影响力通常不及银行业和证券业；另一方面，即使保险业的规模小于银行业或证券业，但由于保险是市场经济条件下风险管理的基本手段，只要搞市场经济，只要人们承认风险是无处不在的，那么就必然需要保险。由此可见，保险在经济社会中的"风险管理话语权"是独特、重要且不可替代的，这才是保险业的核心价值和比较优势。

因此，如我们多年来一直呼吁的，保险业的发展方向，不应是与银行证券拼资产、拼规模，而是要在经济保障和风险管理的核心功能上苦练内功，夯实立业之本。

（三）"保险泛财政化"是一种制度扭曲

在计划经济体制之下，保险业担负着部分"财政替代"的功能。1949 年，成立中国人民保险公司的理由之一是"国家可减少大量之建设财政开支"、"亦为平衡预算收支之重要保证"。1952 年，中国人民保险公司的领导关系由中国人民银行划归财政部领导。1979 年，中国人民银行、财政部、中国农业银行下发的《关于恢复办理企业财产保险的联合通知》指出："参加保险的财产一旦发生保险责任范围内的损失时，由保险公司按照保险契约的规定负责赔偿，国家财政不再核销或拨款"。可见，在计划经济时代，国有的中国人民保险公司扮演着部分的"财政替代"的角色。

20 世纪 80 年代以来，中国开始了逐步深入的经济体制改革，不仅整个经济体制在转型（从计划经济到市场经济），保险业也随之经历着巨大的转型。改革开放 30 多年来，中国保险业由人保公司一家经营发展到目前的约 130 家、多种所有制、中外资保险公司同台竞争的局面。转型之后，保险公司就不再是国家财政的"口袋"，而是按照市场经济规则运行的企业了。但是，由于历史遗留问题的影响，当发生巨大的自然灾害和人为灾祸时，有些政府部门仍然沿用历史惯性思维，显性或隐性地"指导"保险公司进行这样或那样的"政策性"赔付，反映出"保险泛财政化"的思维倾向。

其实，我们应当辩证地看待保险制度。一方面，保险制度是人类社会的重大制度发明，具有不可替代的重要作用，"经济越发展，社会越进步，保险越重要"；另一方面，保险制度也不是万能的，它具有一定的边界限制，超越边界将适得其反，这些边界包括利润边界、契约边界、技术边界、法律边界、道德边界等等。这其中，利润边界与契约边界决定了商业保险与公共财政的本质不同。首先，保险公司是企业，企业经营的基本目的是为了赚取利润（当然它同时要受到法律、道德等各种条件的约束）；而财政的基本目的是为了满足社会公共需求，是为了弥补市场缺陷和实施一定的社会政策。其次，商业保险是一种严肃的契约交易行为，保险缴费与赔付都基于契约的约定，"契约精神"应当不受任何外界力量的干扰；而财政是国家提供公共产品或服务的分配活动或分配关系，是基于社会需要和政府决策做出的，不受"契约"的约束。

现实中，如果超越边界限制，把保险"泛财政化"，那么将带来三种明显的危害：第一，影响公司治理结构完善和现代企业制度建立。中国的保险公司早已不是纯粹的国有企业，保险公司不再是财政的"口袋"，公司行为必须对股东等利益相关者负责；否则公司治理结构无法完善，"资本充足、内控严密、运营安全、服务和效益良好"的现代金融保险企业制度无从建立。第二，影响对保险公司的绩效评价。如果让保险公司承担市场规则之外的政策性亏损（比如按照保险契约不应赔付，但出于其他考虑，政府指示赔付），这将混淆保险公司的一般经营性亏损和政策性亏损，从而无法对保险公司的经营绩效做出客观准确的评价。第三，影响保险业本职功能的发挥。"泛财政化"将模糊保险业在经济社会全局中的功能定位，一方面让保险业做不属于本职工作的事，另一方面可能导致保险业疏于本职，影响经济社会发展中的风险管理的制度部署。因此，从这个意义上说，"保险泛财政化"是一种制度扭曲。

当然，在反对将保险"泛财政化"的同时，也需要特别注意，保险不再替代财政并不意味着保险不需要与财政配合，恰恰相反，保险与财政的合作往往体现了市场经济条件下市场与政府的有机匹配。巨灾保险制度中的"保险运作与财政支持"，以及养老、医疗保险中的税惠支持等，即是这方面的典型例子。

（四）保险业发展应遵循客观经济规律

在市场经济中，保险业是国民经济的一个子部门，其发展与经济发展之间存在一定的"内生"关系。保险业发展不可能无限超越经济发展，而应与经济社会发展相匹配，遵循客观经济规律。

在一国保险业恢复发展阶段，保险业增长速度超过 GDP 增长速度，甚至超过的幅度还比较大，都是正常的。但是，这种大幅度超越的状态不可能永久维持下去，保险业与经济增长之间终究存在一定的相对数量关系。传统上，度量这种相对数量关系的指标是"保险深度"，该指标确实能够反映保险与经济关系的一定信息，但它的缺陷是未能考虑"不同经济发展阶段具有不同保险深度"这一重要规律。为此，我们提出一个新指标——"保险基准深度比"，在保险深度的基础上做出"基准化"的调整，克服了上述缺陷。

根据 2007 年中国和世界的相关数据测算，中国保险深度在世界排名第 52 位，但"保险基准深度比"在世界排名第 29 位。这一数据说明，考虑中国尚处于较低经济发展阶段，以及"较低经济发展阶段具有较低保险基准深度"这一规律，中国的"相对于经济发展的保险业增长水平"（即"保险基准深度比"所反映的信息）并不算低。这一信息表明，中国保险业的相对增长已经达到较高水平，未来增长潜力虽仍然很大，但将主要依靠经济增长的常规拉动，保险业增长模式将发生很大变化。

如果我们不遵循客观经济规律，而片面追求保险业的"数量扩张"，那么，保险业的市场资源将被过度开发，生态环境将遭到严重破坏，短期繁荣的后果是牺牲长期的发展，其"连带效应"就是保险的行业形象和声誉都遭受了极大的损失。实际上，过去的几年，我国的保险业已经为此付出了高昂的代价。

中国保险业欲平稳健康发展，必须高度重视以下几个问题：第一，中国保险产业政策的重点不应是强调量上的增长，而应是强调增长方式的调整和提升，以便为未来长远阶段的保险业持续增长奠定坚实的基础。第二，在中国保险业的未来发展中，"生态保护"是其重要内容，即以严格的生态保护为约束，处理好数量和质量的关系，不能顾此失彼。第三，保险业的发展必须从"供给诱导型"转向"需求导向型"，以往通过大范围引进"新产品线"来诱导保险消费的时代已经过去，以后的发展必须以消费者的市场需求为导向，精耕细作，提供真正优质的产品和服务，只有这样才有发展前途。

（五）保险监管的最大职责是保护消费者利益

在市场经济中，保险业的政府监管是十分必要的。之所以必要，其核心不是因为保险业的发展需要政府的行政指导，而是因为保险市场如任何一个市场一样存在失灵现象，市场经济中的消费者是相对弱势的群体，他们的利益需要政府的保护。在这方面，中国的保险监管经历了一个理念更新的过程。

经济学理论告诉我们，保险监管机构作为政府部门，是社会公众的"代理人"，如果让每一个社会成员通过自身的力量对公司和市场进行监管，成本太高，亦不可行，所以保险监管机构理所应当代表公众监督保险公司，监督保险市场。而且，保险业还具有自身的行业特殊性，消费者通常是专业知识相对弱势的一方，容易被保险公司"误导"，这使得保险监管在保护消费者利益方面的职责更显重要。

近些年来，我国保险业粗放发展的问题不仅没有解决，甚至在局部领域还有愈演愈烈之势，埋下了不少风险隐患。对此，保险公司作为市场主体当然应承担主要责任，但相关政府部门也难辞其咎。我们要清醒地认识到，保险业对经济社会发展可能产生的负面作用，不是体现在保费增速放缓上，而是体现在偿付能力不足、销售误导、理赔纠纷等问题上，这些方面如果出现系统性问题，将直接引发社会不稳定。

因此，保费增长不是保险监管机构要"监管"的核心事项，所谓的"行业形象维护"也不是保险监管机构的核心工作，保险监管应当回归其"监管"本职。保险监管机构是"裁判"，不是"教练"，"球员"水平高低与"裁判"无关，"裁判"的工作是维护公平正义。保险监管机构不必担心"家丑被揭"，而是应当鼓励"社会揭丑"，甚至勇于"自揭家丑"，因为市场经济难免出现各种"丑事"和"丑闻"，"治丑"和"揭丑"本应是监管机构的本职工作，这恰恰体现了"监管"的要义。这一认识厘清了，许多相关关系就容易理顺了。

从表面看，强调保险监管的最大职责是保护消费者利益，似乎是将保险监管置于保险公司的对立面，实际上，这是一个矛盾统一体；从深层次看是有利于整个保险业的长期发展的，因为保护消费者利益不仅仅是为了消费者，这也是保险业可持续发展的客观要求。在市场经济条件下，虽然消费者个体的专业力量相对弱小，但消费者整体的维权力量却是无比强大的，只有尊重和保护消费者的利益，一个企业、一个行业才可能健康发展。近期，中国保监会指出，"消费者的利益能否得到切实保护，直接关系保险业的兴衰成败"，"保险业要始终把保护保险消费者利益作为出发点和落脚点"，这为保险业"站在新起点、进入新阶段"作了一个很好的注脚。

（六） 政府应从"完善市场经济"的高度来统筹规划保险业的发展

历史和国际的经验均表明，保险业是国民经济必要的、有机的组成部门，是现代市场经济不可或缺的重要元素，保险业不完善的市场经济不是完善的市场经济。基于这一认识，从理念上说，不应是为发展保险业而发展保险业，而应从"完善市场经济"的高度来统筹规划保险业的发展。

2003 年，党的十六届三中全会通过的《关于完善社会主义市场经济体制若干问题的决定》提出，要"完善政府社会管理和公共服务职能，为全面建设小康社会提供强有力的体制保障"。如何才能完善政府社会管理和公共服务职能呢？一方面，要健全和完善政府公共治理结构，另一方面，要提高社会管理和公共服务的能力。近些年来，在社会管理和制度改革方面的一个重要的国际趋势是加强公私合作（Public-Private Partnership，PPP），即政府在管理社会和提供公共服务的过程中，不是单纯地"大包大揽"、"亲力亲为"，而是站在更高的高度来组织、调动和协调相关社会资源，特别是重视发挥市场机制的作用，使市场和政府形成有效合力，以更好地达成服务经济社会发展的目的。对于市场经济条件下的风险管理，政府除了自身提供的社会保险和公共救济之外，还应当特别注重发挥商业保险的基础性作用。

在市场经济中，保险业在完善经济保障、优化经济发展、增进社会和谐等方面能够发挥重要而独特的作用。在完善经济保障方面，保险业可以通过构建风险分担机制来应对灾害损失；在优化经济发展方面，保险业不仅可以通过担当资金融通媒介来促进经济增长，通过发展金融服务产业来推进经济结构调整，而且可以通过塑造消费者稳定收支预期来保证可持续的经济发展；在增进社会和谐方面，保险业不仅可以通过对受灾群众进行经济补偿来协调社会矛盾冲突，而且可以通过承担社会道义责任来推动建设一个负责任的社会。

为充分发挥保险业在市场经济中的独特而重要的作用，政府（而不仅是保险监管部门）应当为保险业的正常发展提供必要的政策环境支持。在未来一个时期，许多领域都亟须政府在更高层面进行统筹协调，排除不同部门和地区之间的龃龉和掣肘，以顺利推进一系列关乎经济社会发展的保险制度（比如，税惠支持的商业养老保险和健康保险，地震、洪水等巨灾保险，政策性农业保险，交强险，安全生产、校方责任、环境保护和科技保险等责任保险）的有效运转。政府提供政策支持的目的不是为发展保险业而发展保险业，而是为了实现更高层次的经济社会协调发展的目标，是为了发挥保险业在"完善市场经济"方面的不可或缺的作用。

当然，在提供政策支持的同时，政府也应对保险业进行有效监管，管理好保险业的系统风险，处理好保险创新与监管的关系，确保保险业始终具备充足的偿付能力，能够履行其在经济社会发展全局和"完善市场经济"这一重大使命中的应有职责。

三、保险与金融综合经营

世界发达国家金融业综合经营趋势日益显现，中国"十二五"规划提出要"积极稳妥推进金融业综合经营试点"。在这样一个大环境下，如何看待和认识金融综合经营，如何把握金融综合经营背景下中国保险业的发展，对于当前和未来一段时期的中国保险业，是一个十分重要的战略问题。

在此，提出关于保险与金融综合经营的六个基本理念，即：（1）金融市场的主流经营模式应取决于消费者的主流需求，（2）企业选择应取决于交易成本与适度规模边界，（3）金融保险"集团"的核心功能应是"资源整合"，（4）法律政策的重点应是协调相关各方利益，（5）应当建立健全"分业监管基础上的监管协调"机制，（6）保险业应当更加强调"风险管理话语权"。

（一）金融市场的主流经营模式应取决于消费者的
　　　　主流需求

金融市场的经营模式多种多样，既有分业经营，又有综合经营，不同经营模式各有利弊，但其主流经营模式应当取决于消费者的主流需求。不能简单照搬国际经验，而应考虑中国的经济发展阶段。

为什么金融市场的主流经营模式取决于消费者的主流需求？因为

经营模式本质上是供给方的组织模式，供给取决于需求，而且，金融业属于典型的服务业，金融业的发展建立在满足消费者需求的基础上，市场经营模式只是一个外在表现，其本质还是取决于消费者的需求。如果市场上消费者的主流需求是较为综合的金融产品和服务，是"一站购买"，那么金融市场的主流经营模式就应当是"百货"式的综合经营模式；如果市场上消费者的主流需求是较为单一的金融产品和服务，如单一的银行产品、证券产品或保险产品，那么金融市场的主流经营模式就应当是"专卖"式的分业经营模式。总之，只有将满足消费者主流需求的经营模式作为金融市场的主流模式，市场才有效率，才能更好地为国民经济和社会发展服务，金融业也才能有更好的发展。

当前中国金融市场的现实是，区域结构和业务结构长期不均衡，城乡金融发展差距大，在农村地区、中小城市和大城市中的中低收入阶层，存在大量金融消费需求未能得到有效满足的现象。在这样的背景下，可以判断中国金融市场消费者的主流需求是较为单一的金融产品和服务，而不是"一站式"的金融服务。因此，满足消费者主流需求的主要思路应是推动纵向的金融深化发展，而不应是推行横向的金融规模扩张；应是推动金融业中的每一个子行业（包括银行、证券、保险等）改进产品和服务，提高经营管理效率，更好地满足消费者需求，而不应是求大求全，以进入世界500强为主要目标。因此，相对于中国目前这样一个经济和金融发展阶段而言，金融市场的主流经营模式应该是分业经营，而不是综合经营，当然，这并不排斥部分地区和部分企业的综合经营的试点和探索。

认识"金融市场的主流经营模式取决于消费者的主流需求"的意义在于：第一，要尊重内在规律。金融市场的主流经营模式选择有其内在规律，如果政府或公司的决策违背这一规律，那么未来将受到惩罚。第二，要认清国际趋势。在许多情况下，所谓的"国际趋势"实际上是国际发达市场的发展趋势，而不是真正意义上的国际趋势。第三，要立足中国现实。中国目前还处于市场经济发展的初级阶段，仍是一个典型的发展中国家，在讨论金融保险市场的主流经营模式选择时，不能简单照搬国际经验，而必须充分考虑中国经济和金融发展所处的阶段，只有这样才能找到合理的发展对策。

（二）企业选择应取决于交易成本与适度规模边界

对于金融市场中的企业，它们究竟是选择综合经营还是分业经营，应当主要取决于交易成本以及由此决定的企业适度规模边界。

为什么企业选择应取决于交易成本与适度规模边界？因为判断企业选择得当与否不仅需要建立在"成本—收益比较"的基础上，而且需要建立在"成本—成本比较"的基础上。也就是说，即使企业选择拓展某项业务或流程的收益大于成本，也需要比较采取何种方式来拓展这一业务或流程更节约成本，更有效率。如果企业内部管理成本高于市场交易成本，那么应当选择不扩大企业规模，而将新增业务或流程交由市场完成；如果企业内部管理成本低于市场交易成本，那么应当选择扩大企业规模，由企业替代市场完成新增业务或流程。比如，保险公司欲拓展银保业务，究竟应当选择通过建立自己的银行来发展，还是选择通过与现有银行的市场合作来发展？这就需要比较企业内部管理成本与市场交易成本的高低了。如果市场交易成本高，那么应当选择建立自己的银行，即采取综合经营的方式；如果企业内部管理成本高，那么应当选择与现有银行合作，即仍保持原有的分业经营的状态。

当前，中国金融市场中的企业有一个较为明显的倾向，即不论条件是否符合，都希望发展综合经营，认为企业规模越大越好。其实，这是一个认识的误区和危险的倾向，因为每个企业是有其适度规模的，如果超出适度规模，将适得其反。一方面，同一个企业在不同时期面临着不同的交易成本和适度规模边界。在市场竞争相对温和的时期，市场交易成本相对较低，选择由市场替代企业（如保持原有的分业经营）相对更加有利；在市场竞争相对激烈的时期，市场交易成本相对较高，选择由企业替代市场（如采取综合经营）相对更加可行。另一方面，同一个时期的不同企业也面临着不同的交易成本和适度规模边界。有些企业内部管理较有效率，成本较低，适合选择由企业替代市场（如采取综合经营）的模式；有些企业内部管理效率较低，成本较高，则适合选择由市场替代企业（如保持原有的分业经营）的模式。

认识"企业选择取决于交易成本与适度规模边界"的意义在于，它提供了一个很好的理论判别标准，即交易成本与适度规模边界的标准。企业应当根据这一标准来选择综合经营或分业经营，并不是所有企业都适合选择综合经营的方式。一方面，市场竞争状况是影响企业选择的重要因素，企业应当根据当前以及未来市场竞争的走势做出自己关于综合经营和分业经营的选择；另一方面，企业内部管理也是影响企业选择的重要因素，如果企业内部管理效率较低、成本较高，那么企业在选择采取综合经营时就需要特别谨慎。

（三）金融保险"集团"的核心功能应是"资源整合"

前文提到，考虑金融市场上消费者的主流需求以及金融企业的具体情况，金融保险企业未必都适合选择综合经营和建立金融保险集团。退一步说，如果金融保险企业选择组建集团，那么该"集团"的核心功能应是"资源整合"，而不应是简单的资本和行政纽带，不应为集团而组建集团。

为什么金融保险"集团"的核心功能应是"资源整合"？这关系到一个重要问题，即为什么要组建集团？组建金融保险集团的主要理由是，市场上有消费者具有对综合的金融产品和服务的需求，组建集团更有利于为这类消费者提供高质量的金融服务。可见，更好地满足消费者的需求是组建金融保险集团的主要目标。那么，怎样才能更好地实现这一目标，笔者认为应当超越简单的集团框架的搭建，超越简单意义的"前台"综合销售，要进行真正意义的"后台"资源整合，进行系统性的核心流程再造。只有这样，才能提高运营效率，保证服务品质，才能更好地满足消费者对于综合的金融产品和服务的需求。如果不能进行有效的资源整合，而仅将保险、银行、证券等子公司纳入一个金融保险集团旗下，集团本身仅仅扮演简单的资本和行政纽带角色，那么"集团"的意义被曲解，至少被大打折扣了。

当前中国金融保险企业的"集团化"热度很高，颇有"不建立集团，就不像现代金融企业"的感觉。我们不反对建立集团，也不认为只有规模很大的企业才能建立集团。但是，集团（特别是金融保险集团）的核心功能应是"资源整合"，而不是简单的资本和行政纽带。一个不能进行有效的资源整合的集团，即使拥有"集团"的头衔，也不是一个真正意义的集团。在当前"唯集团至上"的氛围下，考虑到产权改革过程中部分公司决策的非理性动机和倾向，同时考虑政府对金融保险集团的监管经验尚比较缺乏，监管部门可以适当把握集团审批的节奏，以便更好地履行监管职责，更好地保护消费者的利益。

认识"金融保险集团的核心功能应是资源整合"的意义在于，它可以提供检验标准，避免一哄而上。"能否进行有效的资源整合"是检验是否有必要建立集团的重要标准，如果达不到这一标准，那么从长期看必将给整个集团带来负面影响。因此，不论是金融保险企业，还是相关的监管部门，在决策判断时都应注意遵循这一检验标准。

（四）法律政策的重点应是协调相关各方利益

法律政策应当给予市场主体更大的自主选择空间，并注重协调相关各方利益，包括不同金融机构之间、大小公司之间、公司与消费者之间的利益。

首先，法律政策的重点不应是替代金融市场中的微观主体即企业进行决策，而应当给予这些市场主体更大的自主选择空间，否则容易产生寻租行为。其次，作为居于超然地位的中立者，法律政策应当关注如何协调相关各方的利益，因为从某种意义上说，法律政策的本质即在于协调各种有冲突的关系。在金融综合经营领域，有可能产生多种类型的利益冲突，比如在银行、证券、保险等不同金融机构之间，在规模较大和规模较小的公司之间，在公司与消费者之间，都有可能存在不同程度的利益冲突。而协调这些利益冲突，正应是作为中立者的法律政策的重点。

当前中国金融综合经营领域的很多改革都建立在"一事一议"的基础上，政府行政决策容易产生偏向，因此，需要特别强调法律政策的重点是协调相关各方利益。比如，在银行、证券、保险等不同金融机构争取综合经营方面，法律政策应当强调平衡，不能对不同金融机构给予不同待遇；在同一金融集团之下的银行、证券、保险等不同子公司之间，法律政策应当强调设立"防火墙"，阻断"利益输送"的渠道；在大小公司之间，法律政策应当避免"嫌小爱大"，比如只要偿付能力充足，财务稳健，允许大公司投资的项目也应当允许小公司投资，而如果偿付能力不足，财务不稳健，那么即使规模再大的公司也应当严格限制；在公司与消费者之间，法律政策应当在公平合理的前提下，强调对消费者利益的保护，因为金融综合经营的强势性与复杂性很可能会对消费者权益带来一定的不利影响。

认识"法律政策的重点应是协调相关各方利益"的意义在于：第一，避免越俎代庖，法律政策不应去限制或束缚市场上微观主体的合理选择；第二，明确工作方向，利益冲突不易协调，只有通过法律政策才能较好地解决，如果该管的不管或没有管好，也是一种失职。

（五）应当建立健全"分业监管基础上的监管协调"机制

对于当前中国的金融监管，究竟应当采取分业监管，还是"大部制"的综合监管，存在不同的意见。笔者认为，当前的可行之策应是建立健全"分业监管基础上的监管协调"机制。分业监管，即银行、证券、保险分别对应不同的政府监管机构；监管协调，即三大金融监管机构之间，以及三大监管机构与中国人民银行等相关部门之间建立健全实质长效的协调机制。

为什么应当建立健全监管协调机制？道理比较简单，因为金融市场上已经出现了综合经营，为了避免监管真空和监管重复，必须强调不同金融部门监管之间的协调与合作。针对集团经营与综合经营，应特别加强偿付能力、内部交易和信息披露的监管。那么，为什么不直接采用综合监管、而仍然以"分业监管"为基础呢？主要基于以下三点考虑：首先，从国际经验看，分业监管和综合监管孰优孰劣并没有唯一的正确答案，不同国家有不同的监管模式。其次，从中国现实看，中国自1998年成立保监会、2003年成立银监会以来，金融分业监管实施多年，效果较好，改革必须考虑"路径依赖"的问题。最后，从行业基础的角度看，分业监管的专业化程度较高，有利于夯实行业发展基础，对于发展中国家而言，金融市场面临的突出问题是银行、证券、保险等各金融子行业的发展基础较为薄弱，分业监管有利于解决这一问题。比如以保险偿付能力监管为例，1999年中国保监会在成立后不久就提出了偿付能力监管的概念，2003年保监会1号令颁布了《保险公司偿付能力额度及监管指标管理规定》，2008年保监会颁布《保险公司偿付能力监管规定》，如果没有实行分业监管，这一系列步步深入的保险专业监管举措的出台，是难以想象的。

在当前中国，强调建立健全"分业监管基础上的监管协调"机制的意义在于：第一，有利于政策的连续和改革的稳定。银行、证券、保险在专业监管方面刚刚摸索出一条较为有效的路径，此时，如果要改革专业监管为综合监管，则必须进行改革的成本—收益分析，如果改革效果不明确，则应当特别慎重。第二，有利于市场的稳健发展。目前市场已经出现一哄而上的集团化和综合经营的倾向，如果在监管上我们立即搞综合监管，很可能给市场传递错误信号，误读为政府鼓励大干快上，鼓励集团化和综合经营。因此，在金融企业的产权、公司治理等诸多关键问题尚未妥善解决之前，应当先将专业做精，然后再谈如何搞集团化、如何搞综合经营的问题，只有这样，才能有利于市场的稳健发展。市场发展必须遵循这一规律，政府监管也必须遵循这一规律。

（六）保险业应当更加强调"风险管理话语权"

应当正确认识保险业在经济社会中的角色定位。保险业在经济社会中的话语权更多地不是表现为"金融话语权"，而是表现为"风险管理话语权"。

为什么保险业应当更加强调"风险管理话语权"而不是"金融话语权"呢？主要基于以下两个方面的考虑：首先，这是由保险业的功能和作用决定的。保险业的核心功能是经济补偿和风险保障，即使保险业做大做强，甚至资产超过银行业和证券业，其金融话语权也是相对有限的。因为相较而言，银行业和证券业是较为纯粹的金融业，银行利率的调整和证券市场的波动可能影响千家万户；而保险业的金融功能是衍生功能，其金融影响力通常不及银行业和证券业。其次，虽然金融话语权不是保险业的强项，但是保险业的"风险管理话语权"却是独特而重要的。2006年《国务院关于保险业改革发展的若干意见》提出，"保险是市场经济条件下风险管理的基本手段，是金融体系和社会保障体系的重要组成部分，在社会主义和谐社会建设中具有重要作用"。计划经济条件下的风险管理，主要依靠的是政府；而市场经济条件下的风险管理，则主要应当依靠市场特别是商业保险的力量。实际上，在巨灾发生之后，主要是依靠政府财政救济还是依靠保险补偿进行损失管理，是判断一国市场经济发展是否完善的重要标志。

在当前中国，特别在金融综合经营的大背景下，强调保险业的"风险管理话语权"的意义在于：第一，有利于保险业坚持正确的行业发展方向。保险业不必与银行业、证券业比资产、比规模，而应立足于在经济社会的风险管理中能够发挥多大的作用，发挥多好的效果。第二，有利于完善我国的市场经济体制。因为保险是市场经济条件下风险管理的基本手段，如果没有保险制度，市场经济体制就是不完整的；没有完善的保险制度，也就没有成熟的市场经济体制。

四、保险与医疗保障体系改革

新医改自 2006 年启动以来，经过几年的研究、讨论和修订，于 2009 年 4 月正式发布了《中共中央国务院关于深化医药卫生体制改革的意见》，新医改的框架逐渐清晰。按照改革目标，到 2020 年，要基本建立覆盖城乡居民的基本医疗卫生制度（包括公共卫生服务体系、医疗服务体系、医疗保障体系和药品供应保障体系），实现人人享有基本医疗卫生服务。深化医药卫生体制改革，满足公众医药卫生需求，提高全民健康水平，是促进经济社会协调发展、维护社会公平正义、提高人民生活质量的重要举措，是全面建设小康社会和构建社会主义和谐社会的一项重大战略任务。

实际上，医药卫生问题包括两个方面：一是谁来提供医疗服务，是医药卫生事业问题；二是谁来支付医疗费用，是医疗保障问题。[1]在医疗保障方面，除了要坚持建立和完善基本医疗保障之外，新医改方案还指出，应当"积极发展商业健康保险"。

在中国新医改战略的大背景下审视商业健康保险的发展，有一系列重要基础性问题值得认真思考，具体包括：第一，商业健康保险在国家医疗保障体系中的角色定位究竟是什么？如何看待商业健康保险的利润动机？第二，医疗保障改革领域是否有可资借鉴的国际经验？公共部门和私人部门之间应当是一种什么样的关系？第三，如何看待商业健康保险的核心价值？第四，如何看待商业健康保险市场的专业监管？第五，医疗保障改革成功的关键是什么？

如何应对和解决这些问题，我们提出五个基本理念，它们是：（1）商业健康保险是国家医疗保障体系的"阀式稳定器"；（2）"公私合作"是解决医疗保障改革难题的一剂良方；（3）商业健康保险应当

---

[1]　温家宝：《关于发展社会事业和改善民生的几个问题》，载于《求是》2010 年 4 月 1 日。

成为实现多方共赢的"价值创造者";（4）商业健康保险市场需要更加严格的专业监管;（5）超越部门利益是医疗保障改革成功的关键。

（一）商业健康保险是国家医疗保障体系的"阀式稳定器"

众所周知，保险是经济社会发展的"稳定器"。如果将经济社会比作一座"大厦"的话，那么保险就是这座大厦的"安全通道"。平时人们乘坐电梯，很少会想到安全通道的存在和价值，但是，一旦发生火灾等紧急事故，电梯不能使用，安全通道便成了一条重要的生命通道，其价值就凸显出来：它既减轻了对电梯的压力，又满足了应急需求。可见，保险制度的地位虽不显赫，但不可或缺，是经济社会发展的重要稳定机制。

类似的，在国家医疗保障体系之中，商业健康保险的角色相当于一个"调压阀"。从国际经验看，在均衡稳态的情况下，商业健康保险在国家医疗保障体系中虽然份额不大，但却是十分重要的稳定器，能够使基本医疗保障体系承受的许多压力得以释放或缓解，起到"调压阀"的作用。正如新医改方案中提到的，商业保险机构可以开发适应不同需要的健康保险产品，可以满足多样化的健康需求。可以想象，如果没有商业健康保险，如果人们将所有的要求和希望都寄托在基本医疗保障体系之上，那么这个基本医疗保障体系需要承受多大的压力？这个基本医疗保障体系是否还能保持稳定？应该说是很难保持稳定的。因此，商业健康保险在国家医疗保障体系中的角色定位，不应仅为"补充"，而且应是"重要组成"，是"调压阀"，是"稳定器"。

与此相连的一个质疑是，商业保险存在与生俱来的利润动机，是否应该允许其成为国家医疗保障体系的"重要组成"？我们认为，商业健康保险的利润动机不应成为遭到排斥的理由，原因如下：其一，追求利润无可非议。作为市场竞争主体，商业保险机构通过开发、销售商业健康保险产品来获取利润，只要合法合理，都应保护和鼓励。实际上，经济社会的发展，很大程度上何尝不是在亚当·斯密的"看不见的手"的导引下同时实现利他和利己的？其二，完全依靠政府举办未必成功。历史上，商业保险曾因利润动机长期被排斥在社会保障体系之外，比如20世纪90年代初，政府举办农村社会养老保险制度（即"老农保"）时，曾流行一种观点——"举办农村社会养老保险，是排除商业保险利润动机、由政府主持为农民谋利益的行动"，遗憾的是，"好的初衷"并不必然等于"好的结果"，后来实践证明，由于缺乏扎实的前期论证，缺乏专业的制度设计，缺乏完善的配套监管，"老农保"制度失败了。可见，依靠政府举办，欲达成功，也是需要条件的。其三，政府举办不是免费的，同样需要成本。需要增加机构、人员和经费，需要进行成本对比选择；而且政府举办的沉没成本较大，比如人员编制，一旦增设，不易调整，灵活性较小。可见，仅靠政府举办甚至有可能成本更高，而且弹性较小；而如果通过政府购买服务的方式，则灵活性和调整余地较大。

（二）公私合作"是解决医疗保障改革难题的一剂良方

虽然世界各国的医改方案千差万别，但在医疗保障改革领域有一条可资借鉴的共同经验，即"公私合作"是解决改革难题的一剂良方。

以"公私合作"（Public Private Partnership，PPP）解决医疗保障改革难题，是当前国际医疗保障改革领域的基本共识。许多国家在这方面进行了有益的探索，并取得了一定的成功经验。人们普遍认为，公私合作有利于提高政府的管理效率和服务水平，我国的医保改革应顺应这一趋势。

公私合作在本质上反映了政府与市场的关系处理问题。温家宝总理（2010）在谈到大力推进社会事业领域的改革时指出，"把应该由社会和市场发挥作用的真正交给社会和市场。……各项社会事业都应当区分'基本'和'非基本'。'非基本'的社会事业交给社会和市场，通过发展相关产业，满足多层次、个性化的需求，政府要履行监管责任。……对此，思想要解放一点，胆子要大一点，步子要快一点。"同理，作为社会事业领域的典型代表，医疗保障领域的改革也要区分"基本"和"非基本"。政府主要提供基本保障，而基本保障之上的多样化的、选择性的、个性化的医疗保障则要交给社会办理，由市场调节，鼓励企业和个人通过参加商业保险及多种形式的补充保险解决基本医疗保障之外的需求。

进一步的，公私合作不仅体现在"基本"与"非基本"的关系上，而且也体现为即使在"基本"层面，政府也应建立"购买服务"的机制。温家宝（2010）指出，"要逐步做到凡适合面向市场购买的基本公共服务，都采取购买服务的方式；不适合或不具备条件购买服务的，再由政府直接提供。……政府择优为人民群众购买服务，基本公共服务领域就会逐步形成有序竞争和多元化参与的局面。这样就能有效动员和综合利用社会资源来加强和改善基本公共服务，提高服务质量和效率。"根据这一思路，具体到医疗保障领域，公私合作空间亦可大大拓宽。不仅在"补充医疗保障"领域需要私营部门进入并直接提供相应的产品和服务，而且在"基本医疗保障"领域（包括新农合基本医疗、城镇职工基本医疗、城镇居民基本医疗等），也应积极提倡以政府购买医疗保障服务的方式，探索委托具有资质的商业保险机构经办各类医疗保障管理服务，具体模式可以是委托管理模式或保险合同模式等。

对于私人部门参与医疗保障体系，人们主要担心其可能有损公平性。而国际经验表明，只要制度设计、产品设计及监管安排得当，公私合作的医疗保险能够提供有效率且不损害公平性的风险转移方案。[①]

（三）商业健康保险应当成为实现多方共赢的"价值创造者"

商业健康保险参与国家医疗保障体系建设，其核心价值在于成为"价值创造者"，而不是"分一杯羹者"；不是为了与参保人、政府和医疗机构争夺利益，而是要实现多方共赢。从近几年保险业参与医疗保障体系建设的实践看，如果制度设计得当，可以实现参保人、政府、医疗机构和保险公司的四方共赢。

首先，通过商业健康保险，可以提高参保人的保障程度。其一，可以放大保障效应。比如通过将缴费拆分为"管理＋经营"两部分，在不增加政府财政支出和个人缴费负担的条件下，可以提高保障水平[②]。其二，可以扩大服务范围。比如不仅为基本医疗保险提供低价甚至无偿的管理服务，而且为参保人提供多元化的健康管理服务。其三，可以便

---

① 瑞士再世界研究报告：《公私医疗保险合作，改革中国卫生体系》，2007年。

② 例如，人保健康参与湛江市城乡居民统筹社会医疗保障体系建设，将原城乡居民基本医疗保险个人缴费部分的85%继续用于基本医疗保险支出，将其余15%提取用于购买人保健康的大额医疗补助保险服务。在政府财政支出和个人缴费标准不变的情况下，根据缴费档次的不同，当地城乡居民的保障限额由原来的1.5万元分别提高到3.5万元和6.5万元。资料来源：广东保监局：《保险业服务全民医保体系建设的"湛江模式"》，中国保监会网站，2010年。

利参保人就医。比如通过就近选择定点医院、异地和双向转诊、全国性合作医疗服务网络、诊疗绿色通道等服务，使看病就医和费用结算更加便捷。

其次，通过商业健康保险，可以降低政府机构的负担，提高政府管理效率和服务水平。第一，可以降低政府财政支出。商业保险公司在办公设备和管理系统等方面的投入，可以减少政府在这方面的支出。第二，可以减少政府机构的人员编制。政府机构人员编制一旦增加，便具有刚性，不易调整，而通过委托商业保险公司开展就医巡查、医院现场监督和医疗费用审核，可以明显减少政府机构社保工作人员的编制和数量①。第三，政府可以通过购买服务的方式，将商业保险机构的专业技术、管理经验和网络优势应用到基本医疗保障领域，提高对社会医疗保障事务的管理效率和服务水平。此外，商业健康保险还可以考虑成为与多个政府部门技术系统对接的专业"枢纽站"，将分散割裂的资源整合起来，目前城镇职工和城镇居民医保、新农合、医疗救助，分别归人力资源和社会保障部、卫生部和民政部管理，相对割裂。

再其次，通过商业健康保险，可以规范医疗行为，合理利用医疗资源。第一，可以规范医疗行为，改善医疗环境。比如通过预警、巡查、诊疗干预、费用审核等专业技术手段，规范医疗机构的过度医疗行为。第二，可以提高医疗资源利用效率。比如，通过对不同级别医院的起付标准和报销比例等进行差别规定，通过经济杠杆引导参保人根据需要就近就医，既缓解了重点医院就医压力大的问题，又在一定程度上解决了基层医疗机构病源不足、资源闲置等问题。

最后，通过商业健康保险，可以促进保险公司发展。第一，可以积累大量基础数据资料，为今后的长期科学经营奠定基础。第二，可以培养健康保险和健康管理的专业队伍，打造企业的核心竞争力。第三，可以发挥商业保险机构在精算管理、风险控制、理赔服务等方面的专业优势，提升商业保险机构的社会认可度和美誉度。

因此，商业健康保险参与国家医疗保障体系建设，不是简单的

---

① 例如，2004年，河南省新乡市将该市八个县区338万农民的新农合报销补偿服务委托给新乡国寿经办，据测算，如果不移交，新乡专门从事这项工作的人员共有544人，每年需要经费千万元以上；移交给新乡国寿之后，全市从事这项工作的财政供养人员减少到50人，所需财政经费不过150万元。资料来源：杨中旭，《医保商业化破局》，载于《财经》2010年第6期。

"提供补充，经办基本"，不是做简单的加减法，不是扮演"分一杯羹者"，而是要通过商业健康保险，实现多方共赢，真正起到"价值创造者"的作用，为构建一套合理有效的医疗保障体系、为提升医疗保障体系对整个经济社会发展的价值做出应有的贡献。

（四）商业健康保险市场需要更加严格的专业监管

众所周知，因保险市场的信息不对称、专业性、长期性等特点，所以需要专业监管。更进一步的，与一般保险市场相比，商业健康保险市场需要更加严格的专业监管，因为商业健康保险比一般保险复杂，涉及敏感的民生问题，如果监管不当则可能损害公平。

首先，健康保险与一般的人身保险（典型如人寿保险）相比，较为复杂，因此需要更加严格的专业监管。比如，在保单有效期内，健康保险的保险事故可能发生多次，而人寿保险的保险事故至多发生一次；发生保险事故时，健康保险的损害程度和情形可能多种多样，而人寿保险的损害情形只有死亡一种；健康保险需要更多的医学方面的技术定义和专业知识，而人寿保险通常只需要依赖对死亡结果的认定；健康保险涉及三方主体——保险人、被保险人和医疗服务提供者，而人寿保险通常只涉及两方。显而易见，三方博弈比两方博弈要复杂得多。

其次，健康保险涉及敏感民生问题，因此需要更加严格的专业监管。商业健康保险是国家医疗保障体系的一个重要组成部分，而医疗保障是当今社会最敏感的民生问题之一；而且，商业健康保险既涉及医疗保障，又涉及尊重和拯救生命、社会正义等公众关切的问题，因此需要严格的专业监管。

再其次，如果监管不当，商业健康保险的逐利性可能损害公平，因此需要更加严格的专业监管。商业健康保险公司作为市场主体，属于商业机构，必然追求盈利。从国际经验看，如果人们对商业健康保险市场潜在的市场失灵缺乏足够的认识，如果没有建立清晰有效的商业健康保险监管框架，如果对商业健康保险机构可能的"撇脂"行为没有充分的预期和准备，那么商业健康保险对国家整个医疗保障体系的贡献也许就要大打折扣。比如有些发展中国家引入了发达国家的"管理式医疗"，但通过积极预防和健康管理来获取利润的动机被更大的利润动机取代了，即采用"撇脂"的方法阻止低收入和健康状况不好的人参保。

前文提到，"公私合作的医疗保险能够提供有效率且不损公平性的风险转移方案"是存在前提条件的，即制度设计得当、产品设计得当、监管安排得当，因此对商业健康保险实施严格的专业监管是必要的。

此外，保险监管的定位应明确为保护消费者利益。保险监管不应强调对保险业利益的保护，保险监管机构不必担心"家丑被揭"，而是应当鼓励"社会揭丑"，甚至勇于"自揭家丑"。因为市场经济难免出现各种"丑事"和"丑闻"，"治丑"和"揭丑"是监管机构的职责，理当"义不容辞"，这恰恰体现了"监管"的要义。不仅一般的保险监管如此，涉及敏感民生问题的商业健康保险更是如此，更加需要严格的专业监管。

（五）超越部门利益是医疗保障改革成功的关键

中国医疗保障改革要获得成功，需要许多条件，其中关键条件之一在于部门利益的协调和超越。商业健康保险作为国家医疗保障体系的重要组成部分，如果不能得到良好的发展，那么国家医疗保障体系的功能将不能得到完整的发挥，商业健康保险缺失的医疗保障体系不是完善的医疗保障体系。因此，对于商业健康保险，进而对整个医疗保障改革，我们需要一种超越部门利益的战略思维、制度安排和协调机制。

首先，对于发展商业健康保险的目的要有正确的认识。中央政府、政府各部门，以及地方各级政府都应当充分认识到，商业健康保险缺失的医疗保障体系不是完善的医疗保障体系，保险业不完善的市场经济不是完善的市场经济。进一步的，商业健康保险不是一个行业或部门（如保险业或保险监管机构）的事，不是为了发展商业健康保险而发展商业健康保险；发展商业健康保险的目的是为了构建更加完善的国家医疗保障体系，是为了更好地实现"人人享有健康"这一医改战略目标，是为了使整个经济社会更好地发展。因此，对于商业健康保险以及整个医疗保障改革，需要超越部门利益的战略思维。

其次，商业健康保险有其功能边界，应当与其他制度配合才能更好地发挥作用。一方面，商业健康保险是国家医疗保障体系的重要组成部分；另一方面，商业健康保险有其功能边界，而不是万能的。对于国家医疗保障体系建设，有些是商业健康保险能做的，有些是商业健康保险做不了的，商业健康保险在发展过程中，需要强调与其他相关制度、特别是国家基本医疗保障制度（包括城镇职工基本医疗保险、城镇居民基本医疗保险、新型农村合作医疗等）的配合。因此，对于商业健康保险以及整个医疗保障改革，需要超越部门利益的制度安排。

最后，对于医疗保障制度改革中的部门利益冲突，应有完善的协调机制。商业健康保险在业务上归保险监管部门管理，但在发展中不可避免地需与国家的发展改革、卫生、财政、人力资源和社会保障、食品药品监管等部门发生联系，政府各个部门有其部门利益无可厚非，但应当正视这些部门利益，应当使这些部门利益服从于更高的国家和社会利益。医改不仅是一项重大民生工程，而且是一道世界性难题，国际上没有绝对的成功模式，不同模式有不同模式的优势，也有不同模式的缺陷。在医改讨论过程中，有些部门在提出改革方案时可能较多地考虑了本部门的利益，存在先入为主的"偏见"，这对于医改的顺利推进是十分不利的。在借鉴和讨论不同的医改模式时，一定要摈弃门户之见、摈弃狭隘的部门利益，而从经济社会发展大局出发，为中国医改建言献策。因此，对于商业健康保险以及整个医疗保障改革，需要在国务院深化医药卫生体制改革领导小组的框架下，建立更加有效的超越部门利益的协调机制。

五、保险与地震巨灾风险管理

中国是世界上自然灾害最严重的少数国家之一，灾害种类多，发生频率高，分布地域广，造成损失大。据联合国有关统计资料显示，20世纪全世界54次最严重的自然灾害中，就有8次发生在中国。中国政府和人民历来重视与巨灾的抗争，重视通过工程性措施抵御自然灾害，但同时也应认识到，巨灾损失在某种意义上是不可避免的。如何从国家的高度对一国巨灾风险进行管理，是摆在我们面前的一个十分迫切的重大课题。

中国还是世界上地震灾害最严重的国家之一。20世纪以来，中国共发生6级以上地震近800次，遍布除贵州、浙江两省和香港特别行政区以外所有的省、自治区和直辖市，死于地震的人数达55万之多，占同期全球地震死亡人数的53%。我国占世界7%的土地，承受了全球33%的大陆强震，是世界上大陆强震最多的国家。2008年的汶川地震更是震动了全中国乃至全世界。

在这样的背景下，有几个重要问题需要认真地研究和思考。第一，保险在地震等巨灾风险的管理中应当扮演何种角色？第二，中国地震保险的历史和现状如何？第三，国际上地震保险有哪些典型模式？这些模式对中国有何借鉴与启示？第四，若要构建中国的地震保险制度，应把握哪些框架规划？下面就围绕这四个问题展开讨论。

（一）保险在地震等巨灾风险管理中的角色

风险管理的主要方法有风险规避、风险控制和风险融资三大类。风险控制包括防损和减损，风险融资包括风险自留和风险转移。在风险管理的三类方法中，风险规避和风险控制无疑是非常重要的，但同时，风险融资，特别是其中的风险转移也是必不可少的，因为无论如何进行风险规避和风险控制，损失在某种时空状态下还是会不可避免地发生。中国是一个巨灾多发的国家，1980~2007年，中国共发生巨灾损失事件745次，中国2/3的大城市受到地震的潜在威胁。①对于地震风险，虽然人类为探寻地震发生机理付出了不懈的努力，但还是存在大量未解之谜，短期或临震预报仍是未能攻克的难题。在这种情况下，风险转移就显得尤为重要。

有一种观点认为，地震风险不适合保险。笔者认为，这种认识有失偏颇。地震风险确实不完全符合可保风险的"理想条件"，比如损失的概率分布可以确定、特大灾难一般不会发生等，但是相对而言，由于地震具有损失频率低、损失幅度大的明显特点，所以通过保险制度进行地震风险转移，恰恰符合经济可行性的要求。

还有一种观点认为，风险转移有多种方式，政府投入、社会募集、保险等都是风险转移的方式，既然有这么多种方式可供选择，那么保险是不是可有可无呢？笔者认为，保险不仅不是可有可无的，而且具有独特而重要的作用。第一，保险可以在一定程度上缓解巨灾对国民经济（包括政府财政和金融系统）的冲击，发挥"经济稳定器"的作用。第二，保险是一项可为公众提供稳定预期的事前制度安排，它可以降低对事后的政府投入和社会募集的依赖（与事前安排相比，这些事后安排

① 资料来源：慕尼黑再保险公司，载于《财经》2008年第11期，第114页。

在制度和金额上都存在较大的不确定性①），发挥"心理稳定器"的作用。第三，保险不仅具有损失补偿的功能，而且如果设计得当（如承保前的费率调节和承保后的防损减损），它还具有风险控制的功能，可以发挥"风险控制器"的作用。第四，通过保险这种市场机制来安排灾后重建，可以减少在政府投入和社会募集等非市场情形中所带来的对社会管理制度的高要求的问题②。

在巨灾保险补偿方面，中国与发达国家及世界水平相比是明显落后的。国际上，2004 年美国和加勒比地区系列飓风共造成 622 亿美元的经济损失，其中的保险损失为 315 亿美元，占 51%。2007 年全世界因巨灾（包括自然灾害和人为灾难）造成的经济损失为 706 亿美元，其中保险损失为 276 亿美元，占 39%。在自然灾害经济损失 637 亿美元中，保险损失为 233 亿美元，占 37%；在人为灾难经济损失 69 亿美元中，保险损失为 43 亿美元，占 62%③。相比之下，中国历次巨灾事件中保险补偿仅占经济损失的 1%~5%。比如，根据国际风险模型公司的估测④，2008 年 5 月汶川地震的经济损失在 100 亿~200 亿美元（约相当于人民币 700 亿~1 400 亿元）之间，而保险损失在 3 亿~10 亿美元（约相当于人民币 21 亿~70 亿元）之间，保险损失占比约为 3%~5%；又如 2008 年年初，中国南方地区雨雪冰冻灾害造成直接经济损失高达 1 516.5 亿元，截至 2008 年 5 月 22 日，保险业赔付近 50 亿元，约占损失总额的 3%，政府补贴和社会捐赠分别占 2% 和 1%，其余约 94% 的损失均由个人和企业承担；再如，1998 年长江特大洪水造成直接经济损失约合 300 亿美元，其中仅有 3.27 亿美元的财产得到保险赔款，仅占 1%。⑤

---

① 根据世界银行在各国的观察，假设全部损失是 100 亿元，政府能通过财政预算解决的连 5 亿元都不到，很多人因为没有事先安排补偿机制，重建家园的资金根本就无法落实。有数据表明，虽然中国每年用于防损减灾的财政支出不断上升（从 1978 年的 9.02 亿元上升至 2004 年的 48.99 亿元），但在自然灾害每年给中国造成的数以千亿元计的直接损失中，财政对赈灾所做的拨款不到直接经济损失的 3%。资料来源：《财经》2008 年第 11 期，第 113 页。

② 比如，如何规范和加强抗震救灾捐赠款物的管理，如何做好救灾物资和资金分配使用，如何做到公开、公平、公正等，都是具有挑战性的难题。

③ 资料来源：瑞士再 *Sigma*，2008 年第 1 期。部分由作者根据资料计算。

④ 资料来源：国际风险模型公司 AIR Worldwide 和 Risk Management Solutions，《财经》2008 年第 11 期，第 113 页。

⑤ 资料来源：《财经》2008 年第 11 期，第 113 页。

由上可知，保险应当在巨灾风险管理中发挥重要作用，但中国的巨灾保险却是相当落后的。下面讨论中国地震保险的历史与现状，并选取若干国际典型地震保险模式，希冀从中汲取一些有益的经验。

（二）中国地震保险的历史与现状

中国没有建立专门的地震保险制度，但是，在人身保险中，地震通常属于保险责任。在财产保险中，地震责任在相关保险产品中经历了数次改变，大致可以分为三个阶段（详见表 5-1）：1996 年之前，地震属于财产保险的承保责任；1996～2001 年，地震属于财产保险的除外责任；2001 年之后，地震险可以作为财产保险附加险承保。

表 5-1 中国财产地震保险的三个阶段

阶 段	主要内容	主要依据
1996 年之前	地震属于财产保险的承保责任	中国人民银行《关于下发全国性保险条款及费率（国内保险部门）的通知》
1996～2001 年	地震属于财产保险的除外责任	(1) 中国人民银行《关于印发〈财产保险基本险〉和〈财产保险综合险〉条款、费率及条款解释的通知》 (2) 中国保监会《关于企业财产保险业务不得扩展承保地震风险的通知》
2001 年之后	地震险可以作为财产保险附加险承保	(1) 中国保监会《企业财产保险扩展地震责任指导原则》 (2) 中国保监会《关于取消第一批行政审批项目的通知》(2002)

在 1993 年 4 月 9 日中国人民银行《关于下发全国性保险条款及费率（国内保险部门）的通知》中，重申破坏性地震属于财产保险的保险责任。

1996 年 5 月 30 日中国人民银行发布《关于印发〈财产保险基本险〉和〈财产保险综合险〉条款、费率及条款解释的通知》，在通知条款中，地震保险变为除外责任了。具体而言，在"财产保险基本险条款"中，保险人的承保责任主要包括因火灾、雷击、爆炸、飞行物体及其他空中运行物体坠落造成的保险标的的损失，而地震、暴雨、洪水、台风、暴风、龙卷风、雪灾、雹灾、冰凌、泥石流、崖崩、滑坡等自然灾害均在除外责任之列；在"财产保险综合险条款"中，承保范围比基本险明显扩大，它将暴雨、洪水、台风、暴风、龙卷风、雪灾、雹灾、冰凌、泥石流、崖崩、突发性滑坡、地面下陷下沉等自然灾害都纳入承保责任范围，但地震损失仍是除外责任。

2000年1月，中国保监会下发《关于企业财产保险业务不得扩展承保地震风险的通知》，要求各公司必须严格执行中国人民银行颁发的《财产保险基本险》和《财产保险综合险》条款；未经保监会同意，任何保险公司不得随意扩大保险责任，承保地震风险；未经保监会同意，中国再保险公司不得接受地震保险的法定分保业务；任何保险公司不得采取向国际市场全额分保的方式承保地震风险；对于特殊情况，确需扩展承保地震风险的，保险公司应按照"个案审批"的原则，报保监会批准。据称，当时一些保险公司在承保企业财产险时，未经批准扩展地震保险责任，致使地震风险迅速累积，严重影响了保险公司的稳健经营。地震风险属于巨灾风险，而我国尚未建立相应的风险控制制度。为有效防范保险公司经营风险，监管部门才出台了这一《通知》。

2001年8月，中国保监会制定《企业财产保险扩展地震责任指导原则》，规定地震险可以作为企业财产保险的附加险承保，并明确该《指导原则》自2001年9月1日起执行，同时废止《关于企业财产保险不得扩展承保地震风险的通知》。因此，自2001年9月之后，企业财产保险承保地震风险已经没有政策障碍了。

2002年12月，中国保监会根据《国务院关于取消第一批行政审批项目的决定》，发布了《中国保监会关于取消第一批行政审批项目的通知》，明确取消58项行政审批项目，其中包括依据《企业财产保险扩展地震责任指导原则》规定的"地震险最大自留额的确定方法备案"和"地震险法定分保审批"两个项目。自此，保险公司在企业财产地震保险方面应该说具有了较大的自由度。

家庭财产保险的地震责任问题长期未被提及，直至2006年，中国大地保险江西分公司开发设计"大地解忧"房屋地震保险，在江西九江地区进行试点推广。这是国内首个针对地震灾害造成城乡居民房屋损失的地震保险产品。

总体而言，虽然政策上已经消除了禁止性规定，部分保险公司也进行了一些地震保险产品设计和经营管理的探索，但是地震保险在中国的发展仍然十分有限。究其根源，缺乏一套合理完整的地震保险制度安排是一个重要原因。

（三）国际地震保险的典型模式

在国际上，建立了地震保险制度的比较典型的国家和地区主要有（按建立时间先后为序）：新西兰、日本、法国、美国加州、中国台湾、土耳其等。下面，分别讨论这些国家和地区的地震保险的基本背景和主要内容，然后进行比较和小结。

1. 新西兰地震保险

1942 年，新西兰的惠灵顿和怀拉拉帕地区发生里氏 7.2 级地震，导致众多建筑物损毁。由于没有足够的保险，许多建筑多年未能重建恢复。为了解决这一问题，1944 年，新西兰颁布《地震与战争损害法》（1993 年又颁布《地震委员会法》）；1945 年，政府成立了当时称为"地震与战争损害委员会"的机构来提供相应的保险项目。后来，该项目取消了战争损害险，机构名称演变为地震委员会（Earthquake Commission，EQC），后来又将其他自然灾害保险（如山体滑坡、火山爆发、海啸和地热活动等）也包括在内。

新西兰地震委员会是一个旨在帮助人们进行灾后重建的政府机构，它管理着一项自然巨灾基金，该基金的主要来源是强制征收的保险费及基金投资收益。如果居民向保险公司购买住宅或个人财产保险，会被强制征收地震巨灾保险和火灾险保费。截至 2007 财政年度末，基金已经累积了 54 亿新元（约合 290 亿元人民币）。除了自然巨灾基金外，地震委员会还利用国际再保险市场进行分保，同时拥有政府担保，如果保险赔付需求超过基金数额，政府将出资补充不足的部分。

地震委员会负责法定保险的损失赔偿，住宅最高责任限额为 10 万新元（约合 54 万元人民币），个人财产最高责任限额为 2 万新元（约合 10.8 万元人民币）。地震险费率为 0.05‰，对应的，住宅地震险保费为 50 新元（约合 270 元人民币），个人财产地震险保费为 10 新元（约合 54 元人民币），合计地震巨灾险保费为每户每年 60 新元（约合 324 元人民币）左右，由保险公司代为征收后再交给地震委员会。此外，公众还可以向商业保险公司购买在此责任限额基础上的附加险，以获得额外保障。

地震保险有一定的免赔额规定。住房地震保险，免赔率为1%，最低免赔200新元，最高免赔1 125新元；个人财产地震保险，一律免赔200新元；土地地震保险，免赔率为10%，最低免赔500新元，最高免赔5 000新元。

2. 日本地震保险

1964年，日本新潟发生大地震，它触发了随后的日本住宅地震保险制度的建立。1966年，日本出台《地震保险法》，并成立日本地震再保险株式会社（Japan Earthquake Reinsurance Co.，JER）。

在日本，投保人向保险公司（非寿险公司）投保地震保险后，保险公司向JER进行100%全额分保，然后JER再将所有承保风险分为三部分：一部分自留，另一部分转分保回原保险公司，还有一部分转分保给政府。发生地震灾害之后，根据损失大小分为三级，按照既定规则进行责任分配。一级损失（0～750亿日元，约合0～50亿元人民币）100%由JER承担；二级损失（750亿～13 118亿日元，约合50亿～850亿元人民币）由JER和原保险公司承担50%，政府承担50%；三级损失（13 118亿～50 000亿日元，约合850亿～3 250亿元人民币）由JER和原保险公司承担5%，政府承担95%。也就是说，损失越大，政府承担的部分越大。如果单次地震事故的总保险赔付为5万亿日元（约合3 250亿元人民币，亦即目前最高赔付限额），那么按照以上地震保险机制，JER将承担4 520.1亿日元，原保险公司将承担4 258亿日元，日本政府将承担41 221.9亿日元。如果单次地震事故保险损失总额超过最高赔付限额，那么将按照最高赔付限额与保险损失总额的比例对被保险人进行赔付。

日本的地震保险是自愿投保险种，作为财产保险的附加险出售。地震险保额为财产险保额的30%～50%，但住宅和个人财产地震险的最高承保金额分别不超过5千万日元（约合325万元人民币）和1千万日元（约合65万元人民币）。地震保险费率，根据风险区划和建筑材料（木质或非木质），为0.5‰～3.13‰不等。此外，根据住宅的建筑年限和抗震等级等，还能享有10%～30%的费率折扣。

在2006财政年度，日本政府还出台了地震保险税收优惠政策，可以从所得税税基和地方居住税税基中分别扣除 5 万日元和 2.5 万日元。这一政策有利于地震保险的推广和覆盖。

3. 法国地震保险

1981 年，法国索恩—罗讷河谷及西南地区发生严重水灾，这促使了随后的法国自然巨灾保险制度的建立。1982 年，法国颁布《1982 年 7 月 13 日法》，并授权法国国营再保险公司（Caisse Centrale de Reassurance，CCR）提供由政府担保的法国自然巨灾保险（包括地震保险、洪水保险等）。

CCR 成立于 1946 年，是一家法国国有再保险公司，也是世界第 25 大再保险公司，它代表政府管理若干公共基金，如农业灾害保险基金、建筑工程保险基金、自然巨灾保险基金等。在 CCR 的保费收入中，一般再保险业务收入占 34%，政府担保的业务收入占 66%。需要说明的是，在法国自然巨灾再保险领域，CCR 并不拥有垄断地位（也就是说，法国的保险公司可以选择其他再保险公司安排分保，甚或自留），但是 CCR 是法国唯一一个提供全面无限再保险的机构。在法国，启动巨灾损失补偿，通常需要两个前提条件：一是政府法令宣布国家遭遇自然巨灾，二是财产损失险保单承保了受损财产。

在保单内容方面，除了保费和免赔额，自然巨灾保单与普通财产险保单并无区别。自然巨灾保费，通常表示为基本险保费的一定比例。1982 ~ 1983 年，该比例为 5.5%；1983 年 10 月 1 日至 1999 年 8 月 31 日，该比例为 9%；1999 年 9 月 1 日以来，该比例为 12%。自然巨灾保单的免赔额，通常为 380 欧元（约合 4 066 元人民币）。

CCR 的再保机制是通过比例再保险和非比例再保险这两类方式进行安排的，通常情况下的比例再保险或非比例再保险都设有再保赔付限额，但是 CCR 提供的再保险，由于拥有政府担保，所以不设赔付限额。因此，CCR 再保险合同中的年度免赔额实际上就是原保险公司所需承担的年度最高赔付额了。

4. 美国加州地震保险

1994 年 1 月，美国南加州发生里氏 6.7 级的北岭（Northridge）地震，这是美国历史上损失最严重的一次地震。地震之后，保险公司发现原先对地震风险的估计严重偏低，而法律要求在加州销售的屋主保单必须承保地震风险，于是纷纷严格限制或拒绝签发新的屋主保单。至1995 年 1 月，加入这一限制或拒保行列的保险公司占到了加州屋主保险市场的 93%。由于屋主保单缺乏，加州房地产市场遭受严重影响。正是在这一背景下，1996 年，加州立法机构决定成立加州地震局（California Earthquake Authority，CEA），专司地震保险业务。

加州地震局是一个为公众提供住宅地震保险的私有公办机构。它是世界最大的住宅地震保险机构之一，拥有约 70 亿美元的保险赔付能力。该机构资金与政府财政没有关联，政府不为地震保险提供担保。

在加州，居民购买住宅地震保险，既可以选择通过加州地震局成员公司购买，也可以选择通过非成员公司购买。目前，通过成员公司销售的屋主保单约占市场份额的 2/3。

住宅地震保险的保险金额等于屋主保单的保险金额，保单列有分项限额，通常还有相当于保险金额的 15% 的免赔额。保费根据居住区域、建筑年限、建筑类型、楼层数量、投保金额等因素确定，比如，一份包含 39.7 万美元住宅保额、5 000 美元个人财产保额和 1 500 美元用途损失保额的地震险保单，其年保费约为 337 美元。

5. 土耳其地震保险

1999 年，土耳其发生马尔马拉和都兹大地震。2000 年，土耳其政府签署《强制地震保险法令（第 578 号）》，建立土耳其巨灾保险共同体（Turkish Catastrophe Insurance Pool，TCIP）。

TCIP 是一个非营利机构，它为公众提供强制地震保险。TCIP 为地震保险提供担保，但具体市场运作交由各受权保险公司及其代理机构负责。TCIP 的管理职能由 TCIP 管理委员会履行，该委员会由公共部门、大学和私人部门的 7 位代表组成。

在土耳其，所有的城市住宅都必须投保强制地震保险，这种强制地震保险是申请住宅产权登记和申请水、电、天然气和电话等公用事业服务的必要前提条件。

在土耳其，强制地震保险提供基本保险保障（如 25 000 美元，约合 17.5 万元人民币），超出部分的保险需求可通过商业保险公司进行补充。强制地震险的保费由住宅大小、建筑类型、所处区域等因素共同决定。

6. 中国台湾地震保险

1999 年 9 月 21 日，中国台湾南投发生里氏 7.3 级强烈地震，人员及财产损失均十分严重。地震之后，台湾地区政府积极研究解决方案，并推动相关立法。2001 年 7 月，增订《保险法》；2001 年 11 月，颁布实施《住宅地震保险共保及危险承担机制实施办法》；2002 年 1 月，批准设立财团法人住宅地震保险基金（Taiwan Residential Earthquake Insurance Fund，TREIF，简称地震保险基金）；2002 年 4 月，正式实施政策性的住宅地震基本保险。

自 2002 年 4 月 1 日起，原住宅火险保单下自动涵盖住宅地震基本保险，凡是住宅房屋所有人均可以投保住宅火灾及地震基本保险。地震保险保障范围是，承保住宅因地震震动或地震所引起之火灾、爆炸、山崩、地层下陷、滑动、开裂、决口或地震引起的海啸、海潮高涨、洪水等事故导致的实际全损或推定全损。房屋所有人可以直接向经营住宅火灾及地震基本保险的财产保险公司投保，或经由有执照的保险经纪人、保险代理人公司代为办理。

在地震保险项下，每户保险金额最高新台币 120 万元（约合 30 万元人民币），全台湾地区采用单一费率（约 1.2‰），每年保费新台币 1 459 元（约合 360 元人民币），其中纯保险费和附加费用分别占 85% 和 15%。而且，一旦承保住宅经判定为符合理赔标准时，承保公司会同时支付被保险人临时住宿费用新台币 18 万元（约合 4.5 万元人民币）。

在台湾地区，投保人向保险公司（财产保险公司）投保地震保险后，保险公司向地震保险基金全额分保，然后地震保险基金再将所有承保风险分为两大部分：第Ⅰ部分转分保由地震保险共保组织（由原保险公司组成）承担，第Ⅱ部分由地震保险基金承担和分散。第Ⅱ部分又细分为四层：第Ⅱ-1 层由地震保险基金自留，第Ⅱ-2 层通过再保险市场或资本市场在台湾地区内外进行分散，第Ⅱ-3 层再由地震保险基金自留，第Ⅱ-4 层由政府承担。如果单次地震事故的总保险赔付为 600 亿新台币（约合 150 亿元人民币，亦即目前最高赔付限额），那么共保组织将承担第Ⅰ部分的 24 亿新台币（约合 6 亿元人民币），地震保险基金负责余下的第Ⅱ部分的 576 亿新台币（约合 144 亿元人民币）的承担和分散，这其中，地震保险基金（第一次）、再保市场或资本市场、地震保险基金（第二次）、政府分别承担 176 亿、200 亿、80 亿和 120 亿新台币（分别约合 44 亿、50 亿、20 亿和 30 亿元人民币）。如果因发生重大震灾，致地震保险基金不足支付应付赔款，可请求庄政府财政提供担保。此外，与日本相似，如果单次地震事故保险损失总额超过最高赔付限额，那么将按照最高赔付限额与保险损失总额的比例对被保险人进行赔付。

7. 比较和小结

以上阐述了新西兰、日本、法国、美国加州、土耳其和中国台湾等六个国家和地区的地震保险模式的主要内容，表 5 – 2 按照模式名称、灾害背景、法律法规、核心机构、模式特征、强制/自愿、单项/综合等项目对六个国家和地区的地震保险模式进行了比较。

表 5 – 2　　　　　　　　　国际地震保险模式比较

国家/地区	模式类型	灾害背景	法律法规	核心机构	机构性质	强制/自愿	单项/综合
新西兰	政府主办模式	惠灵顿和怀拉拉帕地震(1942)	《地震与战争损害法》(1944)，《地震委员会法》(1993)	新西兰地震委员会(EQC,1945)	政府机构，政府提供担保	部分强制（若购买住宅财产保险,则强制购买地震保险）	综合巨灾（地震、洪水等）
日本	专项再保模式	新潟地震(1964)	《地震保险法》(1966)	日本再保险株式会社(JER,1966)	私营机构，政府提供有限担保	自愿,作为住宅财产保险的附加险	单项地震
法国	兼业再保模式	索恩—罗讷河谷及西南地区水灾(1981)	《1982 年 7 月 13 日法》(1982)	法国国营再保险公司(CCR,1982)	私营机构，政府提供担保	自愿,作为住宅财产保险的附加险	综合巨灾（地震、洪水等）
美国加州	私有公办模式	加州北岭地震(1994)	《住宅地震基本险保单范本》(1995)	加州地震局(CEA,1996)	私有机构，政府管理，政府不提供担保	自愿,作为住宅财产保险的附加险	单项地震

续表

国家/地区	模式类型	灾害背景	法律法规	核心机构	机构性质	强制/自愿	单项/综合
土耳其	巨灾共保体模式	马尔马拉和都兹地震（1999）	《强制地震保险法令（第578号）》（2000）	土耳其巨灾保险共同体（TCIP,2000）	非营利机构,政府提供担保	完全强制（只有购买才可申请住宅产权登记）	单项地震
中国台湾	专项基金模式	台湾南投地震（1999）	《住宅地震保险共保及危险承担机制实施办法》（2001）	台湾住宅地震保险基金（TREIF,2002）	财团法人,政府提供有限担保	部分强制（若购买住宅财产保险,则强制购买地震保险）	单项地震（以后可能扩展至台风、洪水）

　　从表5-2可以看出，这些国家和地区的地震保险模式各有异同。通过比较可以看出，它们之间具有几个基本的不同点和共同点。

　　先看不同点。第一，模式类型。新西兰的地震保险属于政府主办模式，日本属于专项再保模式，法国属于兼业再保模式，美国加州属于私有公办模式，中国台湾属于专项基金模式，土耳其属于巨灾共保模式。第二，机构性质。地震保险的核心机构，有的是政府机构，有的是私营机构，有的是私有机构但由政府管理；有的政府提供担保，有的不提供担保，有的提供有限担保。第三，强制或自愿。地震保险有的是自愿，有的是部分强制，有的是完全强制。第四，单项或综合。有的是单项地震保险制度，有的是包含了地震和洪水等的综合巨灾保险制度；有的曾经是单项，目前演变为综合；有的目前是单项，以后可能扩展为综合。

　　虽然这六个国家和地区的地震保险各有特点，但还是有一些明显的共同点。第一，灾害背景。所有这些国家和地区的地震保险，在制度建立之前的1~2年都曾发生过严重的自然灾害。第二，法律法规。所有这些国家和地区的地震保险制度都有相应的法律法规或政策作为基础，且均以居民住宅为重点。第三，核心机构。所有这些国家和地区的地震保险制度都建立了一定的核心机构，虽然它们具体名称各异。第四，政府支持。不论采取何种模式，所有这些国家和地区的地震保险制度都有政府的支持，虽然支持力度有所差异。

（四）中国地震保险制度构建的框架思考

如果说 1976 年唐山大地震发生之时中国正处于一个特殊的历史时期，当时连保险都没有，何谈地震保险，那么 2008 年的汶川大地震，则将"地震保险"这一长期讨论的问题严肃地推向了决策前台。

如何构建中国的地震保险制度？笔者认为，应当从法律法规、核心机构、风险分担机制、条款费率设计、激励约束机制等五个方面进行整体框架规划。

第一，制定一部地震保险的法律、行政法规或部门规章。落实《突发事件应对法》和《防震减灾法》关于国家发展有财政支持的巨灾和地震灾害保险的规定，抓紧制定一部有关地震保险的法律、行政法规或部门规章。从中国的现实情况看，由国务院出台有关地震保险的行政法规，如《地震保险条例》应是比较可行的做法。

第二，设立一个地震保险核心机构。地震保险核心机构是地震保险制度的中心枢纽，建立适当的核心机构是制度良好运行的关键。从国际经验看，具体形式可以多种多样。中国可以考虑设立类似台湾地震保险基金的"中国自然巨灾保险基金（China Catastrophe Insurance Fund, CCIF）"，先从住宅地震保险做起，待条件成熟之后再考虑将洪水、台风等其他自然巨灾包括进来。

第三，设计一个政府支持的多层次的地震保险风险分担机制。在这个分担机制中，具体如何分配风险需要进一步地研究讨论。但可以明确的是，它包括几个重要主体：投保人、保险人、再保险人、资本市场和政府，其中政府的角色定位尤为重要。在中国，可以考虑建立一个类似日本地震保险制度的三层次风险分担机制。其中政府需要担当两个重要责任：一是直接参与地震风险的分担，如在第二层次和第三层次承担一定的风险责任；二是为"中国自然巨灾保险基金"提供财政担保。

第四，设定一个条款费率合理的地震保险保单标准。在中国，地震保险的条款费率设计可以考虑以下几点：首先，采用全国统一的地震保险条款，设有合理的保单免赔额和赔付限额，限额以上部分通过补充性的商业保险解决；其次，根据基本风险大小（如所处区域、建筑材料等），地震保险基本费率采用级差制，同时允许根据保险标的具体状况（如建筑年限、抗震等级等），使用费率折扣；最后，合理划分毛费率中的纯费率和附加费率。

第五，建立一套鼓励公众参与的地震保险激励约束机制。在地震保险究竟应当采取强制还是自愿方式的问题上，笔者认为，由于强制保险对政府公共治理具有较高要求，在条件不成熟时，还是应当主要考虑采取自愿或部分强制的方式，而不能采取完全强制的方式（完全强制的一个典型例子如土耳其，必须购买强制地震保险才可申请住宅产权登记；部分强制是指，若购买住宅财产保险，则强制购买地震保险）。当然，与此同时，需要一套激励约束机制来鼓励公众参与。从中国情况看，可行的激励约束机制包括：对地震保险保费提供适当的财政补贴，对地震保险保费提供税前扣除优惠，对采取抗震防灾的保险标的提供费率折扣，对申请国家财政信贷支持的项目可考虑要求投保地震保险，等等。

六、小　结

完善社会主义市场经济，积极稳妥推进金融综合经营试点，健全国家医疗保障体系，探索建立地震巨灾风险管理制度，这些都是中国当前和今后一段时期经济社会发展的重点课题。本章系统讨论了保险与市场经济、保险与金融综合经营、保险与医疗保障体系改革、保险与地震巨灾风险管理的关系，提出了有关改革发展的若干基本理念或框架建议。

关于保险与市场经济。保险与市场经济存在不可分割的关系，保险业是市场经济发展的产物，又对市场经济的建立与完善发挥重要的基础作用。在改革发展保险业和建立完善市场经济的进程中，我们应当站在历史和国际的高度，深刻审视保险与市场经济的关系，澄清认识误区，树立正确理念。

关于保险与金融综合经营。在金融综合经营的大背景下，不仅不反对、而且应该积极支持保险业进行金融综合经营的探索和试点，但是，需要强调的是，在保险业的发展过程中，在保险业探索金融综合经营的过程中，需要从市场、企业、法律、监管等方面把握一些重要的理念，以免发生偏差。

关于保险与医疗保障体系改革。商业健康保险是国家医疗保障体系的重要组成。在实施国家医改战略的过程中，应当充分认识商业健康保险的角色和作用，正确处理政府与市场的关系，平衡把握商业健康保险市场发展与监管的关系，并且妥善协调相关部门的利益冲突。

关于保险与地震巨灾风险管理。保险在地震等巨灾风险管理中具有独特而重要的作用，但中国的巨灾保险却相当落后。地震保险在中国的发展，总体而言十分有限，根源在于缺乏一套合理完整的制度安排。国际地震保险典型模式虽然在模式类型、机构性质、强制或自愿、单项或综合等方面存在差异，但在灾害背景、法律法规、核心机构、政府支持等方面却具有明显的相似性。中国地震保险制度构建，应当从法律法规、核心机构、风险分担机制、条款费率设计、激励约束机制等五个方面进行整体框架规划。

本章参考文献

1. CCR：“*Natural Disasters in France*”，2007.

2. Japan Earthquake Reinsurance Company：“*Annual Report* 2007 *of Japan Earthquake Reinsurance Company*”，2007.

3. New Zealand Government：“*Annual Report* 2006 – 2007 *of Earthquake Commission*”.

4. 广东保监局：《保险业服务全民医保体系建设的“湛江模式”》，中国保监会网站，2010 年。

5. 国务院：《关于保险业改革发展的若干意见》，2006 年 6 月。

6. 李玉泉：《大力推进健康保险专业化经营，积极服务国家医疗保障体系建设》，载于《中国保险报》2009 年 10 月 9 日、13 日。

7. 美国加州地震局网站：http：//www. earthquakeauthority. com/。

8. 瑞士再研究报告：《公私医疗保险合作，改革中国卫生体系》，2007 年。

9. 孙祁祥、郑伟、朱俊生、李明强：《中国医疗保障制度改革：全民医保的三支柱框架》，载于《经济科学》2007 年第 5 期。

10. 孙祁祥、郑伟等：《保险制度与市场经济——历史、理论与实证考察》，经济科学出版社 2009 年版。

11. 孙祁祥、郑伟等：《金融综合经营背景下的中国保险业发展——制度演进、模式比较与战略选择》，经济科学出版社 2008 年版。

12. 孙祁祥、郑伟等：《商业健康保险与中国医改——理论探讨、国际借鉴与战略构想》，经济科学出版社 2010 年版。

13. 孙祁祥：《从保险赔款比例看中国市场经济体制元素的缺失》，载于《中国保险报》2008 年 3 月 5 日。

14. 孙祁祥：《论保险产品创新的边界》，载于《中国保险报》2004 年 1 月 16 日。

15. 土耳其巨灾保险共同体网站：http：//www. dask. gov. tr/。

16. 温家宝：《关于发展社会事业和改善民生的几个问题》，载于《求是》2010年4月1日。

17. 吴定富：《深入贯彻落实科学发展观，推动健康保险发展，为和谐社会建设做贡献》，中国保监会网站，2010年4月22日。

18. 郑伟：《保险、社会保障与经济社会发展关系研究》，载于《保险研究》2006年第5期。

19. 郑伟、刘永东、邓一婷：《国际保险业增长水平的新比较》，载于《保险研究》2009年第1期。

20. 郑伟：《"十七大"报告看待保险业的视角》，载于《中国保险报》2007年10月22日。

21. 郑伟：《地震保险：国际经验与中国思路》，载于《保险研究》2008年第6期。

22. 中共中央、国务院：《关于深化医药卫生体制改革的意见》，2009年4月。

23. 中共中央、国务院：《医药卫生体制改革近期重点实施方案（2009～2011年）》，2009年4月。

24. 中国保监会：《关于保险业深入贯彻医改精神，积极参与多层次医疗保障体系建设的意见》，2009年6月。

25. 中国保监会网站：http：//www. circ. gov. cn/。

26. 中国台湾住宅地震保险基金网站：http：//www. treif. org. tw/。

27. 中国中央人民政府网站：http：//www. gov. cn/。

第6章

中国保险业发展的反思和
"十二五"展望

一、引 言

"十二五"时期，是中国发展仍可以大有作为的重要战略机遇期，是为中国全面建成小康社会打下具有决定性基础的关键时期。"十二五"时期，要使我国转变经济发展方式取得实质性进展，综合国力、国际竞争力、抵御风险能力显著提高，人民物质文化生活明显改善，全面建成小康社会的基础更加牢固。

本书第 5 章谈到，保险具有经济补偿、资金融通和社会风险管理等功能，是市场经济条件下风险管理的基本手段，是金融体系和社会保障体系的重要组成部分，在社会主义和谐社会建设中具有重要作用。历史和国际的经验均表明，保险业是国民经济的必要有机的组成部门，是现代市场经济不可或缺的重要元素，保险业不完善的市场经济不是完善的市场经济，应从"完善市场经济"的高度来统筹规划保险业的发展。

面对如此重任，保险业是否做好了准备呢？中国保险业的传统发展模式存在哪些严重问题？"十二五"时期对中国保险业发展形势的基本判断是什么？"十二五"时期中国保险业改革发展的重点应当包括哪些内容？本章将对这些问题进行讨论和分析。

二、保险业的双重角色和制度责任

（一）保险业的双重角色

中国正处于一个经济与社会大变革的时代，变革将带来更大的不确定性和风险。有风险，就提出了一个风险管理的问题。风险管理有多种手段，但众所周知，保险是对风险进行管理的最有效的手段之一。当然，这样说并不意味着在现实中它就一定会完美地扮演"风险管理者"的正面角色，在某些情况下，如果处理不好，它也可能制造新的风险，扮演"风险制造者"的负面角色。例如，在保险市场出现系统性震荡或危机的情况下，那么，与原没有"覆盖广泛的保险制度"的状态相比，因建立这样的制度而发生严重问题将带来可怕的"乘数破坏效应"。

为什么会发生这样的问题？首先，从保险的本源目的来看，它是人们在灾难发生之时托付希望的一种特别的制度安排。因此，如果本来就没有它的话，人们可能会通过其他非正式互助手段进行风险管理；而如果存在保险制度，人们可能就会将风险管理的希望托付给这个体系。一旦他所依赖的这个体系发生危机，希望破灭的打击将是非常残酷的，它对公众心理和社会和谐的破坏力将是巨大的。因此，从这个意义上说，保险体系的制度安全是一个更加重要的问题。其次，管理风险的保险机构不仅面临风险，而且由于其经营的特性，它所面临风险造成的危害可能是非常大的。因为保险公司可以说是一个风险聚集单位，如果一旦发生问题，后果必然非常严重。这就如同一位大夫，他可以帮助病人诊断病情、可以为他们治病，但这并不是说大夫就不会得病。从某种意义上来说，由于大夫接触大量的病源，特别是传染病，如果缺乏有效的防范手段，大夫得病的概率比一般人要高。如果大夫得了病，一方面大量的病人得不到及时救治；另一方面，他还可能成为一个重要的疾病传播源。

可见，保险业是一个专业的"风险管理者"，但它也可能会制造风险。后者虽不是它的本义，但在现实中，它有可能制造风险的这一负面效应是无法也不应回避的。由此引出了一个关于"制度责任"的严肃话题：什么是保险业的"制度责任"？如何履行保险业的制度责任？这些问题需要认真思考和研究。

（二）保险业的制度责任

保险业的制度责任就是要"以自身的稳健来保障整个经济和社会的稳定"。这个责任的履行绝不仅仅是一两个行业的"小事"，而是关系到国民经济和社会发展全局的"大事"。具体来说，它事关完善社会主义市场经济体制的战略部署，事关构建和谐社会的战略要求，事关全面建设小康社会的战略目标。

完善的社会主义市场经济体制要求市场在资源配置中的基础性作用得到更大程度的发挥，一国在突发灾难事件后主要依靠财政手段还是利用保险市场帮助恢复经济，是判断一个经济体特质的重要标准：前者是政府主导型经济，后者才是真正的市场经济。由此可见，建立一个有效的保险制度，是建立完善的市场经济体制的重要前提条件。

构建社会主义和谐社会与建设社会主义物质文明、政治文明、精神文明是有机统一的。要通过发展社会主义社会的生产力来不断增强和谐社会建设的物质基础，保险业无疑可以在这个方面做出应有的贡献。具体而言至少可以体现在以下几个方面：第一，科技是第一生产力，但如果没有保险制度的保障，大至航天卫星、核反应堆的研制，小至电脑、新药等的开发，科技转化为现实生产力的步伐会大大放缓。第二，出口和投资需求与消费需求一并成为一国经济增长的引擎。如果没有包括出口信用保险在内的保险制度的保障，对外贸易的发展就会大受影响，特别是像中国这样贸易依存度很高的国家，更是如此。第三，在现代市场经济中，包括货币市场、资本市场、保险市场等在内的金融市场是国民经济的中枢和神经，如果没有有效的保险市场，不仅金融市场本身的结构是不完善的，更重要的是，由于缺乏保险公司这样重要的机构投资者和规模巨大的保险资金，资本市场功能的发挥将受到很大限制。第四，在一个公民的基本生活、生命和财产得不到保障的社会中，人们既不可能安心从事生产建设活动，也会因遭受自然灾难和人为灾祸导致生命财产的损失而不能得到及时地救助和恢复，从而大大减少经济资源。在这种情况下，和谐社会的物质基础无疑会受到削弱，而保险最基础的功能就是为人们提供这种人身财产安全保障。由上述分析可见，保险业在

"发展社会主义社会的生产力来不断增强和谐社会建设的物质基础"方面具有不可替代的重要作用。因此，为了构建和谐社会，需要大力发展保险业。

全面小康是经济更加发展、人民生活更加殷实的小康，缺乏保险业的保驾护航，国民经济不可能更快、更健康地发展，人民生活也不可能更加殷实，这样的小康不可能是可持续的全面小康。一个在迈向全面小康的过程中同时进行着从计划经济向市场经济转轨的社会，如果没有保险业及时填补转轨过程中的保障真空，全面小康的目标不可能实现。

既然保险业具有如此重要的制度责任，那么就需要认真思考如何让这个制度很好地履行它的责任。遗憾的是，长期以来，中国保险业的传统发展模式不能很好地适应履行制度责任这一要求，对此，需要系统地反思中国保险业的传统发展模式。

三、对中国保险业传统发展模式的反思

（一）传统模式的界定及特征

从某种意义上来说，将中国保险业30多年的发展模式定格为一种模式是有一些难度的，因为随着中国经济体制改革和对外开放的深入以及国内外客观形势的变化，保险业本身也在发生变化，特别是"十一五"时期以来，这种变化还相当显著。但是从总体来看，整个这个时期保险业的发展特征仍然具有许多相似性，因此，可以从战略层面将其概括为某一种发展模式，我们将这种发展模式称为"赶超发展模式"。

这种赶超发展模式呈现出以下三个重要特征：第一，重规模增长，轻"生态"保护。在过去较长的一个时期内，中国的保险业在保费规模快速增长的同时，伴随的是企业成本的高企、风险的积累和行业形象的不佳，由此在一定程度上造成了保险"生态环境"的恶化，扩大了保险业既存的需求与供给之间的矛盾。第二，重引进借鉴，轻自主创新。过去我们更多强调的是引进和借鉴国际新产品和国际惯例，而较少花大力气深入研究中国本土国情，相对而言，"南橘北枳"问题严重，自主创新动力不足，创新成果乏善可陈。第三，重市场监督，轻公司治理。过去，我们更多强调的是对保险公司市场行为的监督，而采取实质行动解决深层次的公司治理问题仍显不足，"头痛医头、脚痛医脚"现象突出，公司治理改革仍有待继续推进。

规模增长、引进借鉴和市场监督属于"短平快"策略，容易在短期显现其实施效应；相对而言，生态保护、自主创新和公司治理的实施则需要比较长的时间，其效果不容易显现出来，这就在一定程度上诠释了中国保险业"赶超发展模式"形成的原因。

（二）传统模式形成的深层机理

中国保险业在发展过程中为什么会形成这种以"三重三轻"为特征的"赶超发展模式"呢？这是一种巧合，还是有着深刻的背景和渊源呢？笔者认为，由于中国保险业与所要"赶超"的国际保险业（特别是发达国家保险业）相比，在初始目的、发展起点、成长路径和配套环境等四个方面存在明显不同，它们成为"赶超发展模式"形成的深层机理。

1. 初始目的不同

从历史上来看，中国保险业于1980年恢复，在很大程度上是源于国家希望通过保险业来替代计划经济体制下的财政经济补偿功能，由此适应以"放权让利"为特征的经济体制改革的需要。1979年10月18日，中国人民银行、财政部、中国农业银行发出《关于恢复办理企业财产保险的联合通知》，指出"全民所有制企业和集体所有制企业的财产，包括固定资产和流动资金，都可以自愿参加保险。参加保险的财产一旦发生保险责任范围内的损失，由保险公司按照保险契约的规定负责赔偿，国家财政不再核销或拨款。"《通知》明确地体现了保险业在中国改革开放之初所具有的一种"财政替代"功能的特点，它与西方国家保险业发展的初始目的有着很大的不同，后者是为了满足市场经济条件下的个体和机构所具有的风险转移的需要，而不是为了满足政府特定的目标和需要。

2. 发展起点不同

如果说，当西方主要国家在发展它们自己的民族保险业的时候，还可以以一国为经济单位，关起门来慢慢发展的话，那么，这一背景条件已经完全不适应当今的中国保险业了。中国是在经济全球化、竞争白热化和联系网络化的背景下起步和发展自己的民族保险业的[①]。与此同时，中国的保险业脱胎于中国经济体制，中国经济在增长方式上一直具有"外延增长"的赶超特征。毫无疑问，脱胎于这种"母体"的"孩子"不可能不被打上这种体制的烙印。

3. 成长路径不同

由于发展起点不同，因此，当20世纪80年代初中国开始恢复发展保险业时，面对当时已经相对发达的世界保险市场，在发展路径上就不可避免地采用"移植嫁接"的思路，这与西方发达国家保险业在历史上的"自发发展"思路有着很大的不同。"移植嫁接"思路与"自发发展"思路相比，有利有弊。利的方面是能够发挥"后发优势"，在发展过程中少走弯路，用更短的时间走完别的国家需要很长时间才能走完的发展道路；弊的方面是如果不顾客观环境，一味追求移植发展，则发展道路有可能偏向。

4. 配套环境不同

中国保险业和国际保险业在初始目的、发展起点和成长路径方面的不同，催生了中国保险业以"三重三轻"为特征的"赶超发展模式"。当然，如果仅此而已，或者说如果中外保险业在发展中配套环境基本相同，问题也不至太严重。但重要的是，中国保险业和国际保险业（特别是发达国家保险业）在发展的配套环境方面，也有着相当大的差异，由此加剧了中国保险业"赶超发展模式"的负面影响。

中外保险业在发展的配套环境方面的不同，主要表现在以下三个方面：第一，经济发展阶段不同。综观世界，保险业发达的国家也都是经济发达的国家，而中国过去属于中下等收入发展中国家，目前正处于从中下等收入发展中国家向中等收入发展中国家平均水准过渡的阶段。不同的经济发展阶段对保险业自然有着不同的要求和影响。第二，微观基础不同。保险业发达国家的企业制度几乎无一例外都属于"自由企业制度"，市场中的保险企业都是自主经营、自负盈亏的；而中国的保险

---

① 孙祁祥：《中国保险业：矛盾、挑战与对策》，中国金融出版社2000年版。

企业最初全是国有保险企业，后来虽然成立了许多股份制保险企业和中外合资保险企业，但其中很多保险企业的主要股东仍是国有企业或拥有国有企业的背景。因此，在发达国家根本不存在的国有企业改革和企业产权改革问题，在中国则成为对保险业发展有着显著影响的重要问题。第三，制度环境不同。这里的制度环境包括许多方面，如资本市场制度、社会保障制度、医疗卫生制度、民事法律制度和三农制度等等，这些制度对于保险业中的许多方面，如新型保险产品、养老保险、健康保险、责任保险和农业保险等都有着直接的影响。在保险业发达国家，这些配套制度相对健全；而在中国，这些配套制度中的每一项都存在缺陷和问题，由此对中国保险业的发展产生了极大的制约和阻碍。

（三）传统模式的问题和反思

以"三重三轻"为特征的"赶超发展模式"存在明显的偏颇，因为它没有处理好保险业发展中的三个基本关系，即数量与质量的关系、国际与本土的关系、表象与内核的关系。需要指出的是，我们绝不是认为在中国保险业中，规模增长不重要，引进借鉴不重要，市场监督不重要；恰恰相反，这些都是十分重要的，但需要强调的是，不能偏颇，不能顾此失彼，不能迷失方向，不能舍本逐末。第一，保险业的规模增长固然重要，但如果这个规模增长是以掠夺性开发保险资源为代价的，那就"顾此失彼"了。第二，保险业的引进借鉴固然重要，但如果只是一味地引进借鉴国际惯例，而不注重结合中国国情进行自主创新，那就"迷失方向"了。第三，保险业的市场监督固然重要，但如果这个市场监督没有完善的公司治理作为微观基础，那就"舍本逐末"了。

因此，基于以上分析，未来中国保险业发展的新模式应当是："以完善的公司治理为基础、以强劲的自主创新为动力、以严格的生态保护为约束的可持续的产业发展模式。"

四、"十二五"时期中国保险业发展形势的基本判断

当前和今后一个时期，世情、国情将继续发生深刻的变化，我国经济社会发展也将呈现新的阶段性特征。综合判断国际国内形势，"十二

五"时期,我国的保险业发展仍处于大有作为的重要战略机遇期,既面临难得的历史机遇,也面对诸多可以预见和难以预见的风险挑战。对于"十二五"时期中国保险业发展形势的一个基本判断是:"十二五"时期是中国保险业的快速发展期、矛盾问题凸显期和全面转型关键期。[①]

(一) 快速发展期

1. 经济社会发展趋势的视角

从"十二五"经济社会发展趋势看,"三大转型"为保险业发展提供了较为有利的外部环境。[②]"十二五"规划以加快转变发展方式为主线,部署中国经济社会从外需向内需、从高碳向低碳、从强国向富民的三大转型,这些转型有利于保险业的长期可持续发展。

从外需向内需的转型,着眼于建立扩大消费需求的长效机制,加快形成消费、投资、出口协调拉动经济增长的新局面。如果这一协调局面出现,经济平稳较快的发展就有了机制保障,保险作为国民经济的一个子部门,自然连带受益。

从高碳向低碳的转型,为可持续风险管理和保险业发展提供了广阔的空间。近年来我国在环境保护方面提出要推行环境经济政策并形成政策体系的思路,绿色保险便属于其中之一。与传统的行政手段"外部约束"相比,环境经济政策是一种"内在约束"力量,具有促进环保技术创新、增强市场竞争力、降低环境治理与行政监控成本等优点。有研究表明,可持续风险管理可以降低企业总成本、增加利润、产生竞争优势、提升股价,并为企业及其股东赢取更大的财务收益;如果忽视可持续风险,则会产生相反的结果,在最坏的情况下甚至会危及企业的生存。因此,可持续风险管理不仅可以找到很强的"道德理由",而且可以具有同样强烈的"经济激励"。

从强国到富民的转型,是"十二五"规划的一大亮点。《中共中央关于制定国民经济和社会发展第十二个五年规划的建议》提到,要"努力实现居民收入增长和经济发展同步、劳动报酬增长和劳动生产率

---

① 中国保监会:《吴定富主席在保险业情况通报会上的讲话》,2010 年 12 月 28 日。
② 郑伟:《"十二五":保险业大有可为的战略机遇期》,载于《金融时报》,2010 年 11 月 1 日。

提高同步，低收入者收入明显增加，中等收入群体持续扩大，贫困人口显著减少，人民生活质量和水平不断提高"。如果"富民"的目标能如期实现，那么中国保险业的发展潜力将是十分巨大的。

2. 保险业增长潜力的视角

从中国保险业的增长潜力看，"十二五"以及今后更长的一段时期，中国保险业仍将保持快速增长势头。

本书第1章的分析数据显示，与国际发达国家水平和世界平均水平比，中国保险业发展水平还相对较低，增长潜力和空间仍十分巨大。2009年，世界平均保险密度为600美元，中国保险密度为121美元；世界平均保险深度为7%，中国保险深度为3.3%。此外，中国人均长期寿险保单持有量、医疗费用由商业健康保险承担的比例，以及家庭财产保险、各种责任保险等主要险种的投保率，远低于成熟保险市场的平均水平；保险赔偿占灾害损失的比例仅为5%左右，远低于全球30%的平均水平。

本书第3章的分析研究显示，在2011～2020年期间，在GDP年均增长6%～10%的假设下，中国保险业总体年均增长率（扣除物价因素）较为可能的浮动区间为8.4%～18.9%，其中更为可能的浮动区间为8.8%～16.6%。在中间情形假设下，2011～2020年间中国保险业年均实际增长率为12.9%。预计2020年，中国保险业的保费收入将为2010年的3.9倍，保险深度将达到6.4%。

在2010～2020年期间，中国保险业增速（12.9%）约为同期世界保险业增速（5.2%）的2.5倍。到2020年，中国保险业占世界保险业的份额将可能达到8.7%，这将有可能使中国从2009年的第七大保险市场成长为世界第三大保险市场。

3. 保险与经济关系规律的视角

从保险与经济的关系规律看，"十二五"时期也是中国保险业发展的重要战略机遇期。

在现实中，一国保费收入与该国国民经济之间存在怎样的关系？从图6-1可以看出，保险深度（保费/GDP）随人均GDP增加而增加，但在人均GDP的不同阶段，保险深度的增速不同，在人均GDP较低的阶段，保险深度增速较慢，而后逐渐加快，到了一定阶段之后，增速又逐渐放慢。这意味着，随着人均 GDP 增加，保费将以一种超越 GDP 增长的速度增长，其超越幅度在人均 GDP 较低阶段较小，而后逐渐加大，到了一定阶段之后，其超越幅度又逐渐变小，即呈 S 型特征。

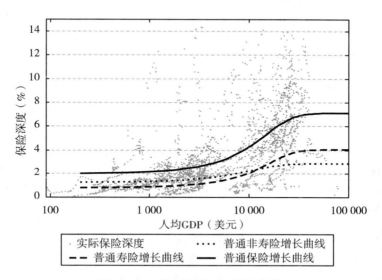

图 6 - 1　世界保险业增长曲线

资料来源：Zheng, Wei, Yongdong Liu and Yiting Deng, "A Comparative Study of International Insurance Markets", *Geneva Papers on Risk and Insurance*, January 2009.

换言之，在经济增长的不同阶段，保费的收入弹性会发生变化。图 6 - 2 列出了保费的收入弹性（即保费收入增长率的变化同人均 GDP 增长率的变化的比值）的变化情况，从图中可以看出，保费的收入弹性在人均 GDP 1 000 美元之后就一直处于一个上升通道，弹性越来越大，到人均 GDP 10 000 美元左右达到顶点（弹性约为 1.55），然后逐渐下降。由此可见，存在这样一条规律：当人均 GDP 在 1 000 美元 ~ 10 000 美元之间，随着人均 GDP 的增加，人均保费将加速增长。而且通常认为，在一国人均 GDP 达到 3 000 美元之后，人们的消费需求开始升级，生活要求出现多样化，对养老保健、医疗卫生、汽车住宅、文化教育等改善生活质量的需求将明显提高，而这些消费领域都与保险业息息相关，需要保险业提供更加丰富的产品和服务。

我国人均 GDP 目前正处于 4 000 美元左右的阶段，如果不发生经济、政治、社会方面的大的动荡，预计今后 5 ~ 10 年中国经济还将保持

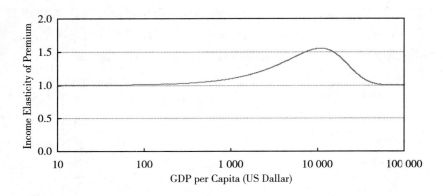

图 6 - 2　世界保险业的保费收入弹性

资料来源：Zheng，Wei，Yongdong Liu and Yiting Deng，"A Comparative Study of International Insurance Markets"，*Geneva Papers on Risk and Insurance*，January 2009.

较快的增长速度，"十二五"期间人均 GDP 将继续提高。因此，在保费收入弹性的意义上，"十二五"时期不仅对整体经济社会发展、而且对保险业发展也是一个可以大有作为的重要战略机遇期。

（二）矛盾问题凸显期

保险业快速发展时期往往也是问题集中暴露时期。从国际上看，在市场主体不断增多、业务快速增长的阶段，保险市场容易出现市场秩序混乱、风险集中暴露等问题。很多国家和地区的保险市场在高速发展时期都经历了一个由乱到治的历史阶段。美国在 20 世纪初、日本在 20 世纪 90 年代都经历过这样的时期。目前，我国保险业快速发展中积累的深层次问题和矛盾在逐步显现，一些短期问题和长期问题相互交织。[①]

在当前和今后较长一段时期，最可能威胁中国保险业健康发展的主要有四大风险：公司治理风险、市场投资风险、公众信心风险和资本补给风险。公司治理风险是一项基础性风险，市场投资风险、公众信心风险和资本补给风险将分别重点影响保险公司资产负债表的资产方、负债

---

① 中国保监会：《吴定富主席在保险业情况通报会上的讲话》，2010 年 12 月 28 日。

方和所有者权益方，这四大风险中的任何一项风险爆发都有可能威胁保险公司的偿付能力，置保险公司于破产境地，给保险业的发展造成破坏性影响，更不用说如果多项风险同时爆发了。

1. 公司治理风险

公司治理是影响保险公司和保险业发展的核心内因。如果保险公司治理结构不健全、不完善，那么风险就会逐渐累积，当风险累积到一定程度后就可能爆发。在过去几年间，中国的银行、证券公司、信托公司接连曝出的丑闻事件，大多最后都能归结到"公司治理"的问题上。既然中国的银行业会出现问题，中国的证券业和信托业会出现问题，我们也没有理由保证中国的保险业对公司治理风险就能够"免疫"，因为事实上，中国的保险公司在公司治理方面与国内其他类型的公司也存在一些相似的问题。

公司治理的核心在于公司内部的权责分配、权力制衡和风险内控。健全和完善的公司治理结构实际上为公司构建了一种内部纠错机制，即当公司在所有者、经营者、消费者和相关方面之间的关系协调出现偏差时，能够及时发现并尽快做出调整。如果公司治理结构不健全、不完善，那么公司的某些资源和权力就可能被某些人或某些团体所控制和利用，公司的财务制度就可能漏洞百出，公司的财务报表就可能披露虚假信息。当失去了内部纠错机制，错误就会日渐累积，积累到一定程度，风险爆发就不可避免了。

大多数惊人风险的暴露都与风险的长时间累积有关，而风险的长时间累积又与风险的隐蔽性和复杂性相连。应该说，保险业的风险天然具有隐蔽性和复杂性的特点，具有长时间累积的可能。因此，从这个意义上说，保险公司治理结构不健全和不完善所蕴藏的风险是不可小觑的。

2. 市场投资风险

如果将保险业比作一辆双轮车，那么，承保和投资就是这辆车的两个平行的轮子，这两个轮子必须同时高速运转，保险业的发展才能保持快速稳健。从保险业发展的历史来看，保险业的投资需求源于两个基本事实。第一个是由保险业的经营特点所产生的投资需求。这是说，保险业在收取保费和支付赔款给付之间存在时滞，有大量的资金将在某一时期内滞留在保险公司。为了使其保值增值，保险业需要进行资金运用，其中的一个重要渠道就是投资于包括股票、债券等在内的资本市场，这就产生了保险业对资本市场的第一层依赖关系。第二个是由保险产品的特点所产生的投资需求，也就是说，保险公司所提供的产品中直接包括投资元素，其所收取的保费中有一部分是要作为投资运作的"本金"的。由此产生了保险业对资本市场的第二层依赖关系。

在目前中国的保险市场上，保险业多年来渴求的"直接入市"的闸门终于打开。在赞同保险资金运用渠道的拓宽的同时，应当清醒地认识到渠道拓宽和投资收益增加是两个概念，渠道拓宽充其量只能算是增加投资收益的一个必要条件，而不是充分条件。

保险资金直接入市对保险业无疑是重要的，但"水可载舟，亦可覆舟"，如果处理不好，资本市场的风险很可能通过保险投资传递到保险市场。因此，要看到投资渠道放开以后，保险公司也面临很大的资产风险。如果保险公司的资产管理和风险管理出现问题，那么，不仅增加投资收益不太可能，而且还可能置保险公司于危险境地。

在中国目前的现实中，许多保险公司的投资风险管理很难真正落实，如公司内部没有建立有效的组织架构，风险管理部门和业务部门之间的工作协调没有到位，领导层对投资风险管理不够重视，等等。中国保险业特别是寿险业的快速发展以及新产品的层出不穷，对保险投资提出了很高的要求，有时保险公司可能迫于一些现实的经营压力而选择某些高风险的投资形式。这些问题短期内可能不会暴露，但长期积累下来可能会对保险业的健康发展造成很大的负面影响。

3. 公众信心风险

一个行业的健康发展取决于众多因素，但最重要的因素之一莫过于这个行业的"声誉"。任何一个行业的健康发展都需要"诚信"这个要件，但与制造业和其他金融行业相比较，保险业的"诚信"又显得格外重要，它的重要性最主要地是来自这个行业的特殊性。与制造业相比，其特殊性最主要地体现在它的承诺性上；与银行、证券等其他金融部门相比，保险业的特殊性最主要地表现在它的后果影响上。

在目前的中国，保险业作为一个行业，在公众心目中的诚信形象极为欠佳。客观地说，有些公众或媒体的批评是来自于公众对保险的不了解而产生的一些误解和偏见，但不能不承认，最主要的问题还在保险业自身，如理赔人员的工作失误、保险公司营销人员虚假承诺、保险公司保单设计产生误导等等。

人们常说，中国保险业存在很多问题，但大多是发展中的问题，可以通过发展来解决，而发展在很大程度上来说又是以公众信心为支撑的。这里的逻辑链条是：如果失去了公众信心，保险业就不可能继续发展，而如果保险业不能继续发展，那么过去累积的、原本期盼在发展中解决的问题就会爆发。在保险业中这样的例子其实不少，比如说利差损的问题。中国保险业存在巨额利差损，这些利差损在长期发展和有利环境中是可能逐渐化解的；但如果保险业不能保持长期健康发展，就丧失了从未来发展中弥补既往损失的可能。而保险业的长期健康发展又依赖于公众对保险业的信心。一旦公众对保险业丧失信心，保险经营的现金流出现问题，甚至出现类似银行业的"挤兑"，那么，保险业累积的问题就不仅不可能逐渐化解，反而将可能严重爆发。因此，从某种意义上说，公众信心风险，一直是中国保险业发展的一大隐忧。

4. 资本补给风险

充足的资本是支撑保险业长期发展的重要因素。中国保险业近几年发展速度很快，但一个不可忽视的事实是保险业中总保费的增长速度远远快于总资本的增加速度。然而，在保险业中，保费与资本之间是存在一定比例要求的，也就是说，每增加1元的保费，它需要有一定的资本做支撑，因此，保险业总保费与总资本之间的差额不可能无限扩大。随着中国保险业的快速发展，原有资本显得越来越不足，急需补充新的社会资本以支撑中国保险业持续发展。

过去几年，大量社会资本陆续进入保险业。从短期看，这些资本进入保险业有利于缓解保险业资本紧张状况；但从长期看，资本补给风险并未消除。可以说，要实现可持续发展，就要求所有进入保险业的资本都具备明白心、耐心和平常心，而从现实情况看，这些条件似乎并不具备。首先看"明白心"。保险业是一个特殊的经营风险的行业，保险产品是一种特殊的转移风险的产品，因此，任何将保险业混同于一般金融业的想法都是有害的曲解。其次看"耐心"。保险业特别是寿险业，一个通常的现象是，新公司成立后5~8年才能达到投资盈亏平衡点，这

就要求资本具有很大的耐心。而在目前中国的投资环境下，众多资本是
没有耐心的。如果没有耐心，资本意志将与保险经营理念发生冲突，最
终有可能导致资本和保险业的"双亏"局面。最后看"平常心"。虽然
说中国保险业是典型的朝阳产业，但同时不能忘记一般规律：社会资本
边际回报率将随着资本量的增加而递减。几百亿资金进入保险市场之
后，竞争将更加激烈，资本平均回报率也将有所下降。这就要求等候资
本要审时度势，要有足够的风险承受力，降低期望值，具有平常心。然
而从目前的情况看，形势不容乐观，许多进入保险业的资本似乎并未做
好这方面的充分准备。

　　如果进入保险业的资本不清楚保险业与一般金融业的本质区别，没
有足够的耐心等待资本回报，或对资本回报抱有过高的不切实际的幻
想，那么几年后，当资本回报不能立即实现，或当业务发展要求投资方
继续增加资本而投资方不愿意时，资本补给将可能成为严重问题。由此
不仅会削弱保险业的偿付能力，而且会影响保险业的可持续发展，使保
险业无法履行其制度责任。

（三）全面转型关键期

　　中央提出"十二五"期间要以加快转变经济发展方式为主线，保
险业也面临发展方式转变的重大课题。保险业的发展基础和外部环境已
经发生了深刻变化，如果继续走粗放发展的老路，现有的资本、人才等
市场要素将难以支撑高投入、高成本、高消耗、低效率的增长模式；现
有的产品、服务和销售渠道，无法满足人民群众日益增长的多层次、多
样化保险需求；现有的公司治理、内控水平和经营管理，应对不了全面
开放和综合经营条件下的市场竞争；现有的诚信水平、法制观念和保护
被保险人利益的意识，适应不了社会进步的要求。转变发展方式已经到
了刻不容缓的时候，在这方面如果不能取得实质性进展，防范风险、规
范市场秩序就很难从根本上取得成效，行业的可持续发展也无从
谈起。[1]

　　而且，保险业发展方式的这一转变不仅源于经济发展方式转变的外
在要求，还源于"不同发展阶段保险市场的增长结构明显不同"这一

---

① 中国保监会：《吴定富主席在保险业情况通报会上的讲话》，2010 年 12 月 28 日。

内在特征。通过利用过去近三十年的数据研究发现，如果我们将一国保险业增长分解为经济要素增长（包括常规性增长和深化性增长）和制度要素增长的话，那么处于不同经济发展阶段的保险市场，其增长结构具有明显不同的特征（详见表6－1）。

表6－1　　　　　1980～2007 年七国保险业增长结构　　　单位:%

	经济要素		制度要素
	常规性增长	深化性增长	制度性增长
美国	78	20	1
日本	69	19	12
英国	34	15	51
巴西	32	4	64
俄罗斯	24	10	66
印度	22	2	76
中国	2	9	89
OECD 平均	51	25	24
BRIC 平均	19	5	76
世界平均	60	18	22

注：由于 1980 年数据不可得，俄罗斯的数据区间为 1992～2007 年，并且 BRIC 平均未包括俄罗斯。由于捷克、斯洛伐克、波兰、匈牙利、挪威、卢森堡和葡萄牙 1982 年数据不可得，因此 OECD 平均未包括上述七国。世界平均包括 1980 年数据可得的 52 国。表中数据计算有四舍五入差异。

资料来源：联合国 "National Accounts Main Aggregates" 数据库、瑞士再世界保费数据库等；作者计算。参见郑伟、刘永东、邓一婷：《保险业增长水平、结构与影响要素：一种国际比较的视角》，载于《经济研究》2010 年第 8 期。

从表6－1可以看出，平均而言，1980～2007 年间，OECD 国家的常规性、深化性和制度性增长分别是 51%、25% 和 24%。而"金砖四国"的三种增长分别是 19%、5% 和 76%。常规性和深化性增长均由经济增长所驱动，因此，这两种增长要素之和称为经济性增长，与制度性增长形成对应。1980～2007 年间，OECD 国家的经济性和制度性增长分别是 76% 和 24%，"金砖四国"分别是 24% 和 76%，而世界平均水平分别是 78% 和 22%。

由以上分析可以看出，总体而言，发达国家的保险业增长主要依靠经济要素（包括常规性经济要素和深化性经济要素）的拉动，而中国等新兴发展中国家的保险业增长则主要依靠制度要素的推动。事实上，新兴发展中国家在自身的经济转型过程中，往往对经济体制做出了较大的变革，由此为商业保险的发展释放了大量的空间。例如，在中国经济转型之前，国家承担了为城市劳动者提供养老、医疗和住房等保障的义务，商业保险的发展空间十分有限；而在经济转型的过程中，政府不再提供全方位的养老、医疗和住房保障，市场的作用逐渐凸显，这就在很大程度上为商业保险的发展提供了制度空间。

还可以推知，随着一国经济的发展，制度要素对保险业增长的贡献度将逐渐降低，保险业增长将更多地依靠经济要素的拉动，而不是制度要素的推动。因而，对于中国等新兴发展中国家而言，在经历了一段时期的保险业起飞发展之后，保险业的增长将逐渐地由依靠"制度推动和经济拉动"转向主要依靠"经济拉动"。"十二五"期间，这一转向趋势将逐渐显现。在这一判断下，强调中国保险业增长模式的更新升级，强调中国保险业转变发展方式，显得尤为重要。

五、"十二五"时期中国保险业改革发展的重点领域

在"十二五"时期是全面建设小康社会的关键时期，是深化改革开放、加快转变经济发展方式的攻坚时期。通读《中共中央关于制定国民经济和社会发展第十二个五年规划的建议》全文，有三句话给人留下十分深刻的印象：一是提到"十二五"经济社会发展将面对诸多可以预见和"难以预见"的风险挑战，二是要求"十二五"要为全面建成小康社会打下具有"决定性意义"的基础，三是强调必须以更大决心和勇气"全面"推进各领域改革。

在这样一个大背景下，我们认为，"十二五"时期中国保险业改革发展的重点包括：拓展服务领域、完善保险监管、改革保险中介、启动

社会监督、深化对外开放。

（一）拓展服务领域

在"十二五"时期，需要继续拓展保险业服务领域，特别是在农业保险、商业养老保险、商业健康保险、责任保险、巨灾保险等领域应该更有作为。

一是积极发展多形式、多渠道的农业保险。认真总结改革经验，健全完善适合我国国情的农业保险发展模式。扩大农业保险覆盖面，有步骤地建立多形式经营、多渠道支持的农业保险体系。完善多层次的农业巨灾风险转移分担机制，逐步建立健全中央、地方财政支持的农业再保险体系。逐步发展相互制、合作制等多种形式的农业保险组织。支持保险公司开发保障适度、保费低廉、保单通俗的农业保险产品，建立适合农业保险的服务网络和销售渠道。

二是大力发展商业养老保险和健康保险，完善多层次社会保障体系。一方面，鼓励商业保险机构积极开发政府基本保障之上的多样化、选择性、个性化的养老和医疗保障产品，同时通过税收优惠等政策鼓励企业和个人通过参加商业保险及多种形式的补充保险解决基本养老医疗保障之外的需求；另一方面，在基本养老医疗保障领域，积极提倡以政府购买的方式，探索委托具有资质的商业保险机构经办各类养老医疗保障管理服务，具体模式可以是委托管理模式或保险合同模式等。

三是大力发展责任保险，健全安全生产保障和突发事件应急机制。充分发挥保险在防损减灾和灾害事故处置中的重要作用，将保险纳入灾害事故防范救助体系。不断提高保险机构风险管理能力，利用保险事前防范与事后补偿相统一的机制，充分发挥保险费率杠杆的激励约束作用，强化事前风险防范，减少灾害事故发生，促进安全生产和突发事件应急管理。继续推进完善旅行社责任、环境污染、安全生产、校方责任、医疗责任等与公众利益密切相关的责任保险的发展，改进和完善机动车交通事故责任强制保险。

四是探索建立有国家财政支持的地震保险等巨灾保险制度。落实《突发事件应对法》和《防震减灾法》关于国家发展有财政支持的巨灾和地震灾害保险的规定，抓紧制定颁布《地震保险条例》。设立一个地震保险核心机构，先从住宅地震保险做起，待条件成熟之后再考虑将洪水、台风等其他自然巨灾包括进来。设计一个政府支持的多层次的地震保险风险分担机制，该分担机制包括投保人、保险人、再保险人、资本市场和政府等几个重要主体。设定一个条款费率合理的地震保险保单标准。建立一套鼓励公众参与的地震保险激励约束机制。

（二）完善保险监管

在"十二五"期间，要继续完善保险监管。保险监管主要包括"三大支柱"——市场行为监管、偿付能力监管和公司治理监管。

在市场行为监管方面，2010 年中国保监会祭出重拳，全年罚单约 1 500 件。在"十二五"期间，市场行为监管高压的态势不会改变，而且保险监管部门还将联手纪检监察、公安、司法、审计等部门，加大查处力度，所谓"行业潜规则"将遭遇严峻挑战，一批大案要案可能逐渐浮出水面，市场秩序将逐渐有所好转。

在偿付能力监管方面，在"十二五"期间，中国保监会应在以 2008 年《保险公司偿付能力管理规定》为核心的偿付能力监管框架下，借鉴国际金融监管改革以及欧盟偿付能力监管标准 II、美国风险资本制度和巴塞尔资本协议 III，继续完善偿付能力评估标准，探索风险资本监管制度，改进我国的偿付能力监管水平。

在公司治理监管方面，自"十二五"开局之年（2011 年 1 月 1 日起），《保险公司内部控制基本准则》正式施行，该基本准则是 2008 年财政部等五部委发布的《企业内部控制基本规范》在保险业的实施细则。内控是公司治理的重要元素，如果这些规范和准则能够执行落实到位，将对深化保险改革、完善保险监管、转变行业增长方式产生深远影响。

（三）改革保险中介

在"十二五"期间，保险中介市场一方面需要强调规范，另一方面需要探索改革。

从强调规范的方面看，在"十二五"期间，财产保险领域将以车险和农业保险为重点，突出整治虚列中介代理手续费等问题；人身保险领域将以银行保险为重点，突出整治账外暗中支付手续费和销售误导问题；保险中介领域以保险公司中介业务为重点，突出整治利用中介业务和中介渠道弄虚作假、虚增成本、非法套取资金等问题；同时在保险电话营销和电话约访方面也提出了更严格的要求。

从探索改革的方面看，最重要的即是保险营销体制改革的问题。对于保险营销员，2008 年国务院领导曾指示："这个队伍与整个保险行业的发展密切相关。既能兴你，也能败你。对这个问题，应该有清醒的认识"。2010 年监管机构下发了《关于改革完善保险营销员管理体制的意见》，但是改革思路尚不清晰，下一步仍亟须汇集各方智慧，群策群力，以求解决之道。只有保险营销体制问题得到解决，保险公信力问题才有望解决，进而许多外部环境和政策支持才有望获得突破，比如巨灾保险的框架构建，养老和健康保险的税收优惠，以及地方政府的政策支持，等等。

（四）　启动社会监督

"十二五"期间，保险业社会监督正式启动。社会监督需要信息基础，没有信息，监督从何谈起？《保险公司信息披露管理办法》将在很大程度上解决这一问题。

2010 年 6 月施行的《保险公司信息披露管理办法》要求，保险公司应当在每年 4 月 30 日前在公司互联网站和中国保监会指定的报纸上发布年度信息披露报告（包括财务会计信息、风险管理状况信息、保险产品经营信息和偿付能力信息）。从 2011 年起，每年 4 月底，百余家（以后甚至更多）保险公司的重要信息将公之于众，接受社会公众、专家学者、新闻媒体的审读、评判和监督。

保险业是经营风险的行业，与社会公众利益相关性很强，市场要求保险公司比其他公司披露更多的信息。信息披露是解决市场信息不对称、提高市场运转效率和透明度的重要措施。有理由相信，如果《保险公司信息披露管理办法》得到严格执行，将有利于"十二五"期间在更广的范围内动员社会力量对保险公司进行监督，有利于构建完善的"四位一体"的保险监管体系。

（五）深化对外开放

2010 年，中国成为世界上第二大经济体；2011 年 12 月 11 日，中国加入世界贸易组织十周年。"十二五"期间，中国对外开放将进入新阶段。为了适应我国对外开放由出口和吸收外资为主转向进口和出口、吸收外资和对外投资并重的新形势，必须实行更加积极主动的开放战略，不断拓展新的开放领域和空间，扩大和深化同各方利益的汇合点，完善更加适应发展开放型经济要求的体制机制，有效防范风险，以开放促发展、促改革、促创新。

"十二五"期间，保险业对外开放需要继续拓展深化。保险业对外开放需要遵循若干重要理念，这些理念包括但不限于：（1）"互利共赢"而非"零和博弈"是对外开放的战略基石；（2）对外开放具体决策应当遵循三个"有利于"的标准，即有利于服务经济社会发展，有利于提高中国保险业的国际竞争力，有利于改善保险消费者的福利；（3）"引进借鉴"应当与"消化吸收"有机结合，避免水土不服，南橘北枳；（4）政府监管重点是关注系统风险的跨境输入和本国利益的不当输出；（5）国际监管合作的关键在于建立信息沟通和行动协调机制。在现代社会，我们需要与国际社会共同应对全球性挑战、共同分享发展机遇。

此外，配合国家实施"走出去"战略，支持具备条件的境内保险公司在境外设立营业机构，发展出口信用保险和海外投资保险，为"走出去"战略提供各类风险管理和保险服务。逐步发展我国大型跨国金融保险机构，提高国际化经营水平。同时，广泛开展国际保险交流，积极参与制定国际保险规则。强化与境外特别是周边国家和地区保险监管机构的合作，加强跨境保险业务监管。

六、小　结

本章从保险业的双重角色和制度责任入手，对中国保险业的传统发展模式进行了系统反思，对"十二五"时期的中国保险业发展形势做出基本判断，并对"十二五"时期中国保险业改革发展的重点问题展开了讨论。

中国保险业传统发展模式可以概括为"赶超发展模式",该模式具有三个重要特征:一是重规模增长,轻"生态"保护;二是重引进借鉴,轻自主创新;三是重市场监督,轻公司治理。这种发展模式的形成具有深刻的背景和渊源,主要表现为中国保险业与所要"赶超"的国际保险业相比,在初始目的、发展起点、成长路径和配套环境等四个方面存在明显不同。未来中国保险业发展的新模式应当是:"以完善的公司治理为基础、以强劲的自主创新为动力、以严格的生态保护为约束的长期可持续的产业发展模式"。

"十二五"时期是中国保险业的快速发展期、矛盾问题凸显期和全面转型关键期。一方面,从经济社会发展趋势、保险业增长潜力、保险与经济关系规律等视角看,"十二五"以及今后更长一段时期,中国保险业仍将保持快速增长势头。另一方面,中国保险业快速发展中积累的深层次问题和矛盾正在逐步显现,公司治理风险、市场投资风险、公众信心风险、资本补给风险等有可能威胁中国保险业的长期健康发展。此外,中国保险业的发展基础和外部环境已经发生深刻变化,加之国际经验表明,在经历了一段时期的保险业起飞发展之后,保险业的增长将逐渐地由依靠"制度推动和经济拉动"转向主要依靠"经济拉动",因此中国保险业转变发展方式成为必由之路。

"十二五"时期,中国保险业改革发展的重点包括:其一,拓展服务领域,特别是在农业保险、商业养老保险、商业健康保险、责任保险、巨灾保险等领域应该更有作为;其二,完善保险监管,包括市场行为监管、偿付能力监管和公司治理监管;其三,改革保险中介,一方面需要强调规范,另一方面需要以保险营销体制为突破口大胆探索改革;其四,启动社会监督,严格执行保险公司信息披露管理,在更广范围内动员社会力量对保险公司进行监督,构建完善"四位一体"的保险监管体系;其五,深化对外开放,为国家实施"走出去"战略提供风险管理和保险服务,并广泛开展国际保险交流,加强跨境保险业务监管,积极参与国际保险规则制定。

本章参考文献

1. Zheng, Wei, Yongdong Liu and Yiting Deng, "A Comparative Study of International Insurance Markets", *Geneva Papers on Risk and Insurance*, January 2009.

2. 孙祁祥、郑伟:《中国保险业:双重角色、制度责任与挑战》,载于《保险研究》2005 年第 7 期。

3. 孙祁祥、郑伟：《中国保险业"赶超发展模式"的反思及新模式的构建》，载于《保险研究》2006 年第 10 期。

4. 孙祁祥：《中国保险业：矛盾、挑战与对策》，中国金融出版社 2000 年版。

5. 郑伟、刘永东、邓一婷：《保险业增长水平、结构与影响要素：一种国际比较的视角》，载于《经济研究》2010 年第 8 期。

6. 郑伟：《"十二五"：保险业大有可为的战略机遇期》，载于《金融时报》2010 年 11 月 1 日。

7. 中共中央：《关于制定国民经济和社会发展第十二个五年规划的建议》，2010 年 10 月。

8. 中国保监会：《吴定富主席在保险业情况通报会上的讲话》，2010 年 12 月 28 日。

后　记

　　《中国保险业发展研究》一书终于交稿了，算是对过去这些年关于中国保险业发展的研究和思考的一个阶段性总结吧。略微轻松之余，又感到另一种压力，忐忑等待来自同行和读者的指正。

　　在本书出版之际，首先我要感谢北京大学经济学院，这是我学习生活时间最长的一个集体，从1990年入学至今已超过20年。感谢刘伟教授、刘文忻教授、孙祁祥教授、黄桂田教授、睢国余教授等经济学院历任领导，他们为经济学院的发展做出了巨大的贡献，为教师的教学科研提供了很好的平台和环境。感谢我的硕士导师、国务院参事、全国政协常委李庆云教授十多年来对我的指导和关爱。感谢经济学院各位老师对我的关心和爱护。感谢风险管理与保险学系各位老师给我的友爱和温暖。集体的力量是无穷的，一个人依靠了一个优秀的集体，就能体会到强大的安全感和归属感。

　　特别感谢我的博士导师、北京大学经济学院院长、风险管理与保险学系首任系主任孙祁祥教授。1996年我在读研究生期间偶然选修了孙老师的"风险管理与保险"课程，未想从此便与这一学科结缘，后来竟然成为我教学研究"安身立命"的专业领域。自1998年留在风险管理与保险学系任教以来，孙老师为我们青年教师提供了许许多多研修深造交流的机会，我从中深深受益。如果没有这些机会，我不知还将在学术道路上怎样艰难地摸索。

　　感谢风险管理与保险学领域的许多校内外专家和老师：北京大学的李心愉老师、于小东老师、张博老师、刘新立老师、朱南军老师、锁凌燕老师、陈凯老师，中央财经大学的郝演苏老师，首都经贸大学的庹国柱老师、朱俊生老师，北京工商大学的王绪瑾老师，对外经贸大学的王稳老师、王国军老师，清华大学的陈秉正老师，武汉大学的魏华林老师，复旦大学的徐文虎老师，西南财经大学的卓志老师、艾孙麟老师、陈滔老师，南开大学的朱铭来老师，中国人民大学的许飞琼老师，中山大学的申曙光老师，浙江大学的何文炯老师，上海财经大学的徐谨良老师，东北财经大学的刘子操老师，与这些学富五车的老师们讨论切磋专业问题，令人受益无穷。

感谢多年前的学生、现美国加州伯克利大学的刘永东同学，自2005年起我们就在一起合作研究，至今没有停止。本书第2章和第3章的许多数据，是永东帮助我搜集和整理的。我还要感谢我的研究生林山君同学，他帮我制作了本书第1章的许多图表。

此外，本书第2章"中国保险业区域发展比较"曾经获得中国保监会首批部级课题的资助，在课题研究过程中，得到中国保监会政策研究室的阎波副主任、樊新鸿处长、余贵芳女士，以及中国人寿集团罗朝晖博士、中国人保集团桑强博士、北京大学锁凌燕博士的大力帮助，在此致以衷心感谢。

最后，我要感谢经济科学出版社的金梅老师，她的敬业和专业，令人感动。

郑　伟

2011年2月

图书在版编目（CIP）数据

中国保险业发展研究／郑伟著．—北京：经济
科学出版社，2011.2
ISBN 978－7－5141－0538－4

Ⅰ．①中…　Ⅱ．①郑…　Ⅲ．①保险业－经济发展－
研究－中国　Ⅳ．①F842

中国版本图书馆 CIP 数据核字（2011）第 048331 号

责任编辑：金　梅
责任校对：杨　海
版式设计：代小卫
技术编辑：李　鹏

中国保险业发展研究

郑　伟　著
经济科学出版社出版、发行　新华书店经销
社址：北京市海淀区阜成路甲 28 号　邮编：100142
总编部电话：88191217　发行部电话：88191540
经济理论分社电话：88191435
电子邮件：jjll1435@126.com
网址：www.esp.com.cn
北京中科印刷有限公司印装
787×1092　16 开　11.25 印张　175000 字
2011 年 2 月第 1 版　2011 年 2 月第 1 次印刷
ISBN 978－7－5141－0538－4　定价：25.00 元
（图书出现印装问题，本社负责调换）